2014年武汉工程大学科学研究基金资助项目

人民币汇率波动对出口商品价格传递效应及应对策略研究

A Study of Effect of RMB Exchange Rate Fluctuation Pass-through into Export Price and its Countmeasures

汪琳 著

图书在版编目（CIP）数据

人民币汇率波动对出口商品价格传递效应及应对策略研究／汪琳著．－－武汉：中国地质大学出版社，2015.11

ISBN 978-7-5625-3753-3

Ⅰ．①人…

Ⅱ．①汪…

Ⅲ．①人民币汇率－汇率波动－影响－出口商品－商品价格－研究－中国

Ⅳ．① F752.62 ② F832.63

中国版本图书馆 CIP 数据核字（2015）第 278578 号

人民币汇率波动对出口商品价格传递效应及应对策略研究　　　　汪琳著

出版发行：	中国地质大学出版社
责任编辑：	陈　琪
责任校对：	周　旭
地　　址：	武汉市洪山区鲁磨路388号
电　　话：	(027)67883511
邮政编码：	430074
制　　版：	武汉浩艺图文设计工作室
印　　刷：	武汉市籍缘印刷厂
开　　本：	880mm×1230mm　　1/32
印　　张：	4.25印张
字　　数：	122千字
版　　次：	2015年11月第1版
	2015年11月第1次印刷
定　　价：	35.00元

前言

从中国2005年7月21日人民币汇率制度实行以市场供求为基础,参考一揽子货币进行调节,有管理的浮动汇率制度以来,人民币汇率呈现双向波动、长期升值的趋势。自2012年以来,汇率的双向浮动特征明显,且浮动区间扩大。一个充分弹性的、双向浮动的、市场供求决定的汇率形成机制将形成。在人民币持续升值的10年多的时间内,中国总体还是分行业的贸易收支顺差较大状况并没有逆转,某些行业贸易顺差还有不断增加的趋势,特别是我国机电产品、化学工业产品等出口增长上升趋势明显。总的来看,中国贸易结构不断改善,但不同类别行业发展速度存在差异。传统的国际收支理论无法解释这种现象。本书利用汇率不完全传递理论考察不同出口行业特殊的市场结构和产业组织结构,以及企业微观定价行为来进行分析,以期得到人民币升值对中国出口商品价格的传导效应及其原因,为出口企业转嫁汇率风险、提高竞争力提出应对措施,同时为中国的汇率政策、出口贸易战略、经济增长方式以及货币政策提出指导性的政策建议。

本书基于HS商品分类下12类主要制造业商品从2005年7月到2012年12月的数据,利用面板数据模型和非线性门限模型,实证检验了人民币汇率变动对不同行业出口商品价格传递弹性的差异。总体而言,在人民币升值期间,各行业的汇率传递效应是不完全的,出口商都通过降低本币出口价格吸收了一部分汇率变动。分行业来看,汇率对传统的劳动密集型产品出口价格传递弹性较小,对我国主要资本技术含量较高的制造业类产品出口价格传递弹性较大。在进一步考虑汇率及技术创新会降低生产成本影响因素后,发现大部分出口产品汇率弹性减小。

基于理论与实证的研究基础,结合中国不同行业的实际情况,本书从出口产品的市场势力、对国外市场的依赖程度、出口产品竞争优势等多方面探讨了人民币汇率不完全传递的原因。在此基础上，本书提出我国出口企业在转嫁汇率风险能力较低的情况下，通过增加原材料进口、提高市场集中度、增强技术创新能力减少成本是可行的措施。从根本上来说，只有进一步完善人民币汇率形成机制，调整我国出口贸易战略，转变我国的经济增长方式，包括通过有效提高内需，转变高投入、高消耗增长方式，增强自主创新能力，提高经济增长的质量和效益等，才能实现我国内外经济的平衡发展。

笔者

2015年6月1日

目录

1 导论 / 1

1.1 选题的背景及意义 ……………………………… 1
1.2 文献综述 ………………………………………… 6
1.3 研究思路、方法及创新点 ……………………… 22
1.4 研究内容与结构安排 …………………………… 23

2 汇率传递的理论基础 / 25

2.1 汇率传递的内涵 ………………………………… 26
2.2 汇率传递的相关理论 …………………………… 26
2.3 汇率传递的宏观经济影响 ……………………… 32

3 2005年汇率制度改革以来人民币汇率与我国出口变动情况 / 35

3.1 人民币面临的升值压力 ………………………… 35
3.2 汇率制度改革之后的人民币汇率趋势 ………… 38
3.3 2005年汇率制度改革以来我国各行业出口变动情况 …… 41
3.4 出口商品价格变动趋势 ………………………… 43

4 人民币升值影响下我国出口企业汇率传递弹性实证研究 / 45

- 4.1 理论分析框架 ·· 45
- 4.2 我国不同出口行业汇率传递实证研究 ················ 51
- 4.3 汇率传递弹性非线性门限计量模型 ··················· 61
- 4.4 本章小结 ·· 67

5 人民币汇率不完全传递的影响因素分析 / 69

- 5.1 我国出口商品市场势力分析 ··························· 69
- 5.2 我国出口商品对国际市场依赖性分析 ················ 74
- 5.3 我国出口商品竞争优势分析 ··························· 80
- 5.4 本章小结 ·· 88

6 人民币汇率不完全传递下的应对策略 / 90

- 6.1 微观对策 ·· 90
- 6.2 宏观对策 ·· 106
- 6.3 本章小结 ·· 112

7 总结 / 113

- 7.1 主要结论 ·· 113
- 7.2 研究展望 ·· 115

主要参考文献 / 116

1 导论

1.1 选题的背景及意义

1.1.1 选题的背景

在开放经济宏观经济学分析框架下,汇率变动会导致国内外商品的相对价格的变化,进而引起消费者的支出在国内外商品之间发生替代,对进出口贸易、国际收支[①]产生影响。这就是我们经常所说的汇率价格调节机制,也就是汇率的支出转换效应。20世纪60年代初期,蒙代尔(Mundell R A)和弗莱明(Fleming J M)分别提出了IS-LM-BP分析法,探讨了汇率与价格及国际收支的关系如何影响商品市场与货币市场的均衡,奠定了开放经济宏观经济学的理论基础,汇率政策便成为一国政府制定货币政策和财政政策,实现经济的内外均衡的重要调节工具。

自改革开放以来,尤其是我国加入WTO以来,对外贸易规模迅速扩大。从2004年到2007年,进出口总额在短短的3年时间增速达到年平均24.40%,2007年,我国进出口总额达到2万亿美元,2008年虽然受全球金融危机的影响,但我国的进出口额依旧稳步上升至25 616.3亿美元,

---

①这里假定国际收支仅为贸易收支,不考虑资本流动的影响。

成为仅次于美国的第二大贸易国。我国从20世纪90年代前期至今对外贸易持续顺差。特别是2005年实行汇率制度改革，当年贸易顺差额较上年同比增幅达到217.4%，随后两年依然保持稳定增幅，2007年顺差额达到2 622亿美元。2008年增幅放缓，从2009年至2011年，顺差额呈同比下降趋势，2011年顺差额已下降为1 551.4亿美元（图1-1）。与此同时，我国经济发展对贸易的依赖程度也逐步加强。2005至2011年，虽然外贸依存度①有所下降，但是一直在50%左右浮动，2009年曾一度下降至44.19%，但近两年已经有所回升。出口依存度在2005至2011年虽然也呈现出下降趋势，但近3年一直稳定地在30%左右浮动，出口是我国现阶段的经济增长引擎与解决就业问题的重要渠道。我国1/3左右的经济资源集中在出口行业，而出口行业主要从事传统的劳动密集型产品生产、高技术含量产品的劳动密集型生产环节，所以，出口行业吸收的劳动力占我国就业人数的比例超过1/3以上。

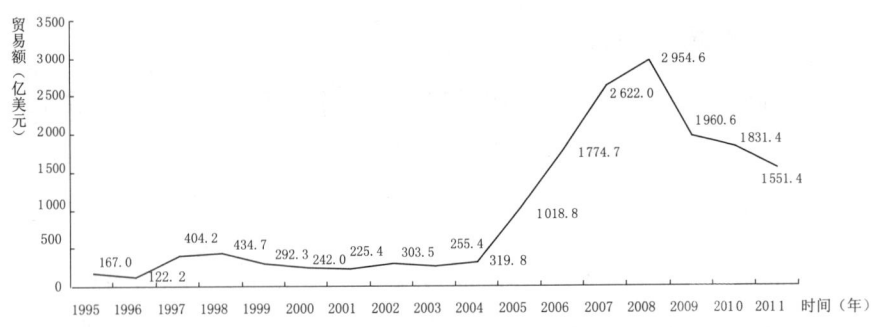

图1-1　1995—2011年我国贸易差额

我国的外汇储备在持续增长的贸易顺差的影响下，自1995—2005年10年间，中国外汇储备平均每年约递增10%～20%。2005年汇率制度改革后，自2005至2010年的短短5年间，中国外汇储备增速大大加快，由2005年的8 000亿美元迅速跃升到2010年的近3万亿美元。在巨额贸易顺差和外汇储备的影响下，自2003年以来，国际社会中关于人民币升值的争议

---

① 外贸依存度=进出口总额/当年GDP。数据来源：历年《中国统计年鉴》。

一直延续至今，人民币汇率问题一直是我国对外贸易摩擦中的一个焦点问题。时至今日，人民币依然面临着较大的升值压力。中国从2005年7月21日开始实行以市场供求为基础，参考一揽子货币进行调节，有管理的浮动汇率制度。从2006年7月到2008年6月，人民币升值速度迅速，升值幅度达到13.77%。从2008年7月以来，受全球金融危机的影响，人民币汇率进入到基本持平期，汇率保持基本稳定的状态。

在汇率制度改革前以及改革的最初阶段，理论界与政策制定者都对传统开放经济学中马歇尔-勒纳条件进行过多次论证，担心人民币升值会提高我国出口商品的价格，降低进口商品的价格，引起国外市场与国内市场需求及消费者支出的相对变化；担心由于出口萎缩导致经济增速放慢，失业率上升。为此，人民币在国际社会强大的升值压力下，中国人民银行对外汇市场依然进行较强的干预。从2005年7月至2011年末，人民币兑美元双边汇率升值为30.2%，人民币名义和实际有效汇率分别升值13.5%和23.1%[①]，但离国内外理论界依据各种模型估算出的人民币"应升值的幅度"相距甚远。当前市场上人民币升值预期趋缓。6年多以来，中国的经济没有出现人们普遍担忧的情形，出口一直以较稳定的速度增长，部分行业的出口企业能适当调整自身的成本及利润空间，在制定本币及外币价格的时候有一定的定价权利，对人民币的小幅持续升值具有一定的承受能力。而部分传统劳动密集型行业如纺织服装行业出口额虽然没有受汇率变化的影响，但是利润一直较为微薄。从2005年至今，纺织服装行业销售利润率一直保持在3%～5%[②]之间，2012年由于受困于出口及国内外棉价差，销售利润方面出现负增长。近年来出口价格指数在人民币升值的影响下甚至存在下降趋势。虽然该类型出口微利行业并没有因人民币升值失去生存空间，但它们的发展是我们在产业结构及贸易结构调整中重点关注的对象。

人民币汇率与中国国际收支并没有出现如传统宏观经济理论中论证的相互影响关系，人民币升值并没有改善中国对外失衡的状况。中美贸

---

① 中国人民银行金融研究所公布的数据。
② 《纺织服装行业专题报告》，东兴证券，2012年8月28日。

易顺差2005年至2008年逐年飙升，分别为1142亿美元、1443亿美元、1628亿美元和2663.3亿美元。近3年上升幅度略有下降，呈缓慢上升趋势，2011年顺差额为2954.6亿美元。这种类似的情形在其他国家也并不少见。在20世纪80年代至90年代，从1985年至1986年，日元汇率一度由1美元兑238.05日元大幅升值为1美元兑168.03日元，1987年日元汇率继续升值为1美元兑144.52日元。而在此期间，日本贸易顺差从1985年的491.69亿美元增加到1987年的870.15亿美元。到20世纪末，日本的贸易顺差依然以稳定的幅度增加。

上述认识上的偏差促使我们思考下列问题：汇率变动是怎样通过价格的传递机制影响进出口贸易及国际收支的；不同行业商品的出口价格受汇率变动影响的差异是怎样的；这些与行业商品特点、商品相关市场特点及国内与国际宏观经济状况有什么关系；从微观角度来看，我国出口企业应该如何在人民币升值趋势下保持或提高自身的竞争力；从宏观层面来看，国家的汇率政策、货币政策、贸易政策、经济增长方式该如何引导出口产品实现质量的提升，产业结构及贸易结构实现优化升级。从上述思考的这一系列问题着手，本书选择研究汇率对我国主要出口行业的传递效应，分析其原因，针对性地提出我国出口行业应对人民币升值的应对策略。在此基础上，进一步思考我国汇率政策、贸易政策以及宏观经济政策的发展方向，从长远来看，这将最终影响我国的对外贸易与经济的可持续发展。

1.1.2 选题的意义

开放经济宏观经济学中，经典的弹性分析法研究汇率与贸易收支关系，货币贬值的时滞效应是其较为明显的一个缺陷；吸收分析法从汇率与收入在贸易收支调节中的交互作用进行分析，货币分析法从货币和其他资产在贸易收支中调节作用分析了汇率制度的选择问题。尤其是弹性分析法中的马歇尔-勒纳条件，常被学者们作为实证研究的基础分析人民币汇率变动对中国贸易收支的影响。但马歇尔-勒纳条件中的假设前提与现实之间存在巨大的差距，即假设出口商品的本币价格与进口商品的外币价格不变,也就是汇率变动对这些价格的传递效应是完全的,出口商品与进口商品在目的地市场上的价格仅仅只受汇率的影响,其他因素都不会对其产生影响。所以在此基础上作出的实证检验结果在实际应用中必然产生许多矛盾。陈学斌(2007)认为在考虑通货膨胀因素后,人民币实际有效汇率变动幅度比名义汇率小,实际有效汇率对我国贸易收支不存在较大影响。另外,通常所说的货币贬值的滞后效应或J曲线效应指出了弹性分析法中的一个关键缺陷。所以,单单从弹性分析法来论证汇率变动与贸易的关系存在很多不足。而吸收分析法更全面地考虑了收入与汇率对贸易的影响,货币分析法则从货币因素考虑了汇率制度的选择问题,均是从宏观层面进行研究。由于本书的分析是从汇率对价格传递的微观传递机制着手,所以未选择这些理论对汇率与贸易间的关系问题进行分析。

传统开放宏观经济理论均基于汇率变动完全传递到进出口商品在目的地的价格,由于支出转换效应,进一步影响贸易额与贸易收支。但自从20世纪70年代浮动汇率体系取代固定汇率体系以来,汇率完全传递这一假设前提受到较大质疑。在理论及实证研究中发现汇率变动往往引起出口商主动调整本币出口价格,汇率及其他相关因素也均会影响本币出口价格。汇率不完全传递理论(Incomplete Exchange Rate Pass-through)便成为新开放宏观经济学中最为重要的理论之一。该理论从汇率对价格的微观传导机制入手研究宏观经济现象,从市场结构、产品需求弹性、厂商定价行为等角度探讨了汇率对进出口相对价格不完全传递机制。

国外学者从20世纪80年代开始对汇率不完全传递现象展开大量研究,研究对象主要是针对欧美等发达国家,主要从汇率长期及短期弹性,对进出口商品价格、消费者价格及通货膨胀等角度进行论证与分析。当运用发达国家的汇率传递理论来分析中国的汇率传递问题时,必须结合中国这个发展中国家的经济发展特点、特定的贸易结构,对中国存在的汇率不完全传递现象及原因进行系统深入的分析。本书从汇率传递角度出发,利用汇率不完全传递理论对人民币升值期间出口商品价格变动情况及出口企业定价行为进行分析,深入探讨了我国出口贸易中的本质问题。

从微观角度来看,通过汇率对不同类别产品价格的传递效应,我们可以分析不同类行业下企业成本加成率(即利润率)大小,进一步评估不同行业国际竞争力的大小。从宏观角度看,汇率传递率的大小也会影响政府部门宏观经济政策的制定。汇率对出口价格的传递系数大小反映了出口企业可以承受的汇率波动风险的能力,进而会对我国的汇率政策、贸易政策、货币政策的制定起到一定的指导作用。利用汇率不完全传递理论,考虑生产成本、市场份额、技术创新等多种因素,结合中国行业层面的数据实证分析汇率对主要制造业类产品出口价格弹性,具有很强的理论意义和实践意义。

1.2 文献综述

1.2.1 汇率传递理论研究

1.2.1.1 基于传统开放经济宏观经济学的视角

关于汇率传递问题的研究最初起源于20世纪70年代末期对宏观经济外部平衡(External Balance)和国内通货膨胀问题的关注而展开的。传统开放经济宏观经济学模型,比如著名的蒙代尔-弗莱明模型通常假定国际贸易是在完全竞争的市场下进行的,不存在市场进入障碍,认为商品市场均衡是建立在购买力平价定律成立基础之上的,一价定律和购买力平价是解释价格水平对汇率变动反应的原因。一价定律和购买力平价是从货币的基本功能(具有购买力)角度分析货币的交换问题,这非常符合逻辑;同时它的表达形式也最为简洁,确立了一种货币内外价值一对一的函数关系(尹应凯,2008)。从一价定律和购买力平价的角度来看,一国的名义汇率是由进出口国的物价决定的,物价变动和名义汇率的变动方向是相反的,也就是说,一国的实际汇率是不变的。因此,汇率传递是完全的和及时的,从而在浮动汇率制度安排下,经常项目的对外失衡问题可以通过汇率的变动,进而引起进出口商品相对价格的调整而解决。20世纪70年代以来,浮动汇率制度下,汇率变动在经常项目失衡调整方面的失效,引起人们对汇率变动的价格和数量调整机制的关注。几乎所有版本的购买力平价理论都无法很好地解释有关汇率和价格水平的实际数据资料,特别是在20世纪80年代中期,美元的大幅升值以及随后的大幅贬值,其幅度远远超过购买力平价理论的预测。从20世纪70年代开始购买力平价理论就不能对实际情况作出有效的解释了,但在60年代它还曾是理解汇率和价格水平关系的可靠指南。这就引起了理论界对不完全汇率传递研究的关注。早期对于不完全汇率传递的理论解释主要集中在黏性价格和供求弹性变化的宏观模型上。

最初,学者通常认为在完全竞争市场上,不完全汇率传递只是暂时现象,仅仅是个短期的"伪命题",并且可以用短期价格黏性或者短期的相对供求弹性大小来解释。Magee(1973)主要强调国际贸易中买卖双方选择的结算货币对汇率传递的影响。如果协议价格按照进口方的货币计价,那么短期的汇率传递是零传递;如果协议价格按照出口方的货币计价,那么短期的汇率传递是完全传递。他在文中指出,协议计价货币的选择取决于交易双方相对市场势力大小。一般而言,在合同谈判中出口商具有较大的议价能力,从而出口商更可能使用本国货币结算以规避汇率风险。后来,Ghosh 和 Wol(1994)也发表过类似的看法,他们指出由于菜单成本(Menu Cost)的存在,出口商不愿意频繁地调整价格,因此,也导致短期的汇率传递比较低。之外,由于资产专用性,特定产品的出口要求特定的设备,因此短期内出口商宁愿承受低汇率传递带来的损失,也不愿去缩减生产(Menon,1996)。

1.2.1.2 基于不完全竞争和产业组织的视角

在传统宏观经济模型中,不完全汇率传递仅仅在短期存在。但从微观角度,也就是从不完全竞争和产业组织的视角分析,垄断竞争市场的组织结构、厂商的歧视性定价策略等都会导致汇率不完全传递效应长期存在。主要包含以下几个方面的研究。

从产业组织方面来看,Dornbusch(1987)认为垄断竞争市场下汇率不完全传递现象是普遍存在的。Krugman（1987）、Knetter（1989）、Hooper 和 Mann（1989）在此基础上从厂商的定价行为及出口商品生产地及销售地的市场特点对不完全传递现象作了进一步解释，认为市场集中度、产品间替代弹性以及国内外厂商相对市场份额大小均会影响汇率传递弹性。具体来看，如果出口产品市场集中程度高，则出口国内同类竞争厂商数量相对较少，厂商垄断势力较大，有较大的定价权，汇率对销售地出口价格传递系数会上升，如果对进口国而言，进口产品与国内同类产品替代弹性较大，进口产品在进口地垄断势力较小，则汇率传递系数会下降。类似地，如果出口产品占据了国外较大的市场份额，则说明出口厂商在国外的定价权较大，汇率传递系数会上升。

Dornbusch（1987）运用古诺（Cournot）竞争模型论证了这种影响。该模型考虑了本国市场中外国厂商的相对数目和外国厂商边际成本与均衡价格的比，得出本币升值导致的市场均衡价格的下降幅度要小于升值的幅度，即汇率传递时是不完全的。该产业的市场竞争越激烈，汇率传递率越大；进口品在市场总销售中的比例越大，汇率传递率也越大。

不同于 Dornbusch（1987）古诺竞争模型，Fisher（1989）考虑了另外一种竞争形式，即 Bertrand 竞争。他认为国内外不同的汇率制度、不同的市场结构、产品的竞争优势都会对出口厂商的定价策略产生影响，进而影响汇率弹性。对出口商品而言，如果本国市场垄断性越强，国外市场竞争性越强，则说明出口产品具备较强的非价格竞争力，对国外市场的依赖性较弱，那么厂商便会以投资回报率最大化为目的定价，汇率对进口价格的传递率就越高。

上述模型假设产品都是同质的，因此只适用于国内外产品同质性较强的行业，如果同一产业国内外产品的差异性较大，就需要考虑产品不完全替代的情形。产品之间的不完全替代可能由产品的外形、性能、服务等方面的差异导致，是市场不完全竞争的来源，最终对产品的需求价格弹性以及进出口价格的影响机制有很大的不同。

Dombusch（1987）在 Dixit 和 Stiglitz（1977）模型的框架下建立了产品不完工保和外国厂商提供一个品牌的产品。模型首先推导了代表本国厂商和外国厂商的最优定价策略，然后分别研究了厂商定价行为对汇率变动引起成本冲击的反应。该模型在考虑单个厂商采取成本加成定价策略，即成本加成为常数。这样，美元汇率变动对厂商的出口价格有完全的汇率传递。进一步将这一模型进行扩展，假设单个厂商充分大，其定价决策足以改变整个产业价格。

Yang（1997）在Dornbusch（1987）的模型基础上进行了扩展。假设生产厂商边际成本是递增的，单一厂商的生产成本会影响整个行业的价格。如果出口产品与销售地国内产品替代弹性较高，竞争性较强，此时本币的升值更加容易使出口产品失去国外市场份额，出口厂商为了保持所占据的市场份额，也会尽可能保持在销售地国家的价格不变，即汇率传递率也与外国厂商的市场份额负相关。另外，由于假设递增的边际成本，所以边际成本的产出弹性越大，则对进口国价格产生与汇率相反的影响，从而降低汇率传递率。

1.2.1.3 基于新开放经济宏观经济学的视角

上文论述的基于凯恩斯基础的传统开放经济宏观经济学在研究宏观经济变量之间关系时缺乏微观基础，但微观经济个体的行为会影响宏观经济变量之间的关系。Obstfeld 和 Rogoff（1995）将垄断竞争和名义价格黏性纳入动态的一般均衡模型中，为开放经济宏观经济学建立了微观基础。

基于名义价格黏性的解释。名义价格黏性又称做名义刚性，它是指一国增加货币供给会使该国消费者产生"货币幻觉"，从而使本国产出水平及消费水平提高。另一方面，货币供给增加会使本国货币贬值，扩大本国出口，也提高外国福利水平，进出口国共同分享了扩张性货币政策的好处。Obstfeld 和 Rogoff（1995）从名义价格黏性角度考虑了货币供给量、非贸易品的购买等因素。当货币供给增加本国货币贬值时，非贸易的交易将减弱进口商品价格上升对消费者价格指数的影响，为了使货币供求平衡，只能使本币进一步贬值，通过进口商品价格上升提高国内消费价格指数。这样将出现汇率相对价格波动幅度更大的现象。Engel（1993）、Parsley（2001）也论证了在价格粘黏影响下，当本国经济遭受供给冲击，汇率对消费者价格指数、进出口商品相对价格影响不大，也就是传递弹性较低，这最终造成汇率剧烈且频繁地波动。

Gavalloa 和 Ghironi（2002）进一步发展了汇率传递的理论模型，该模型除了一般性分析了货币政策对汇率的影响之外，还重点研究了外国净资产、利率和汇率之间的关系。研究结果认为，当价格为黏性时，汇率除了取决于外国净资产存量水平，还要受前一时期GDP差异的影响。货币政策、资产动态、利率等因素使汇率由于商品市场的价格黏性在短期内反应超过了长期均衡稳定值，也就是常说的"汇率超调"[①]。

Obstfeld 和 Rogoff（1995）模型依然是以一价定律成立为前提的，但出口商往往会把国际市场进行分割，针对不同的销售市场实行歧视定价，这样进出口商品的相对价格就会偏离一价定律。这为汇率传递问题提供了新的分析视角。Betts 和 Devereux（2000）最早涉足这一领域，汇率的传递弹性取决于厂商以何种货币进行定价。研究发现，出口企业的定价行为即选择用本国货币或目的地国货币设定价格，将影响汇率对出口价格传递率的大小。如果以出口商（即生产者Producer）货币计价（Producer Currency Pricing，PCP），汇率变动传递到出口消费地市场的价格是完全的，在销售地的出口价格主要受汇率变动的影响，汇率对出口商品价格传递弹性较大。另外，如果以消费者当地货币计价（Local Currency Pricing，LCP），消费地当地的价格主要受国内价格的影响，受汇率变动的影响较小，汇率对出口商品价格传递弹性较小。

Betts 和 Devereux（2000）把上述LCP静态模型发展到一般动态情况，即动态的PCP模型。在动态模型下，LCP定价方法偏离了一价定律，汇率与进出口相对价格相关性减小，货币的扩张政策不会改变进出口相对价格，贸易条件不变，外国出口商的实际收入减小。这样本国福利水平提高，但外国福利水平下降。在PCP定价方法下，厂商都是以生产者货币定价的，支出转换效应是明显的。如果一国实行扩张性货币政策，则将提高进出口国居民的福利水平，货币政策的外溢效果是明显的。

---

① 汇率超调：由美国经济学家Dornbusch于20世纪70年代提出，又称为汇率决定的黏性价格货币分析法。

Knetter（1994）基于美国消费者1977—1985年消费进口商品的情况，发现在美国以LCP定价方式的国外进口商品，一般情况下对汇率变动的敏感程度较低，某些情况下，对汇率冲击也存在较大反应。Devereux（2000），Engel（2002）以LCP和PCP定价方式的公司之间的比例大小决定了汇率对整体出口商品价格的传递效应。

Bacchetta和Van（2000）从跨国公司内部效益最大化原则及转移定价角度对汇率传递弹性作出一定的解释，国外出口商把中间产品卖给国内厂商，国内厂商进行再生产并在国内销售最终产品。国外出口商会以PCP方式定价，但国内厂商当考虑其他国内非贸易品部门竞争时，进口商品时会选择用LCP方式定价。Bacchetta和Van（2000）还从市场份额和商品多元化考虑定价方式选择问题。研究发现，出口国某行业所占市场份额越大，出口商品种类越多元化，选择PCP方式定价的可能性越大。否则将会选择LCP的定价方式，减小汇率的传递弹性。

依市定价（Pricing to Market，PTM）即策略性定价，是建立在市场结构理论基础上的。在市场分割的前提下，出口厂商针对不同的市场特点进行歧视性定价（Price Discrimination）。而这种歧视性定价行为往往是由该市场的需求弹性和边际成本决定。

在新开放经济宏观经济学框架下，许多学者发现传统的要素差异及生产成本差异不能很好地解释国家间商品价格的差异，于是诸多学者对汇率传递问题的研究重点转向市场分割、歧视性定价以及依市定价。Krugman（1986）用依市定价解释汇率变动与价格的关系。他指出，考虑到出口市场的异质性，出口商在不同的消费地市场制定不同的价格，也就是我们常说的价格歧视。Krugman对依市定价涵义的概括更加全面一些，除了指汇率对价格的传递是不完全的，而且随着不同的消费地市场，汇率对价格的影响也是有差异的。Knetter（1994）在此基础上对依市定价作出更清晰的界定。他指出，汇率变化引起价格的变动要区分汇率变化对生产成本的影响以及汇率变化对厂商成本加成的影响。具体来看，汇率变化引起厂商成本加成调整的幅度才能准确地称之为"依市定价"。在Marston（1990）提出的依市定价的理论模型中，将引起汇率不完全传递的原因即边际成本的变动与加成份额的调整分别用生产投入成本和市场需求价格弹性变化来表示。这样更形象客观地描述了汇率不完全传递程度的大小。Mallick（2012）发现出口目的市场贸易自由化程度影响印度出口企业的依市定价行为，印度出口企业在G3市场上具有显著的依市定价行为，而在3个新兴市场（巴西、中国和南非）汇率基本是完全传递的。Byrne（2006）扩展了依市定价的标准模型，解释了汇率与出口价格之间不稳定的关系，同时检验了依市定价模型的预测效果，定量分析汇率波动与出口价格之间不稳定性程度。

Knetter（1994）利用同样的思想，在研究中区别边际成本和成本加成对汇率变化的反应，为进一步用成本加成对于汇率的变化来说明企业"依市定价"的能力打下基础。他建立了一个"固定效应模型"，研究表明，出口产品在消费地价格指数对于出口国的汇率波动是敏感的。Hooper（1978）进一步从不同产业特点着手，论证了由于产业差异导致不同出口商品汇率传递弹性的差异，扩大了依市定价问题研究的范围。Goldberg和Knetter（1996）等诸多学者指出，汇率不完全传递主要源于厂商成本加成部分的调整方向与汇率变动对价格的影响方向相反。

从上述学者们研究的结论很容易看出，汇率变化对价格的传递弹性的大小主要由于边际成本与成本加成变化而具有异质性。关于依市定价问题的各种实证研究都较好地支持了理论模型。

基于汇率预期的解释。厂商对汇率的预期也将导致汇率对价格的不完全传递。对厂商而言，在消费地市场份额的大小是非常重要的一个方面，而市场需求价格弹性决定了市场份额的大小与厂商的定价策略紧密相关。假设出口厂商在面临本币升值时，如果销售地价格随本币升值增加，出口厂商可能获得更多的销售利润。但另一方面，出口商品的需求价格弹性可能使厂商主动降低本币的出口价格，以维持在消费地市场的市场份额，因为市场份额决定了厂商未来的收益。总的来说，出口厂商在制定定价策略时，往往会综合考虑当前和未来总利润，会综合考虑价格变动及其所导致的市场份额变动。厂商对汇率的短期波动和长期波动预期将直接导致厂商价格调整行为有所差异，汇率对价格的传递弹性程度有所不同。

Dohner（1984）建立了一个无限期界的跨时最优化模型，分析了面对汇率变动时出口商的定价行为。在这个模型中增加了一个假设条件，即消费者对价格调整改变自己的需求有一定的时滞，也就是存在消费者的需求黏性。厂商的定价除了要考虑当前的收益，还要考虑在未来消费者需求发生改变后，其定价行为作为一项投资决策是否合适。所以当汇率变动冲击边际成本时，出口厂商决定调整价格加成，重新确定价格的决策会影响其当前和未来的收益，属于跨期决策。这样出口厂商在调整价格时需要考虑的因素就有边际成本的冲击、消费者需求改变的滞后速度、汇率的预期等。

Dohner（1984）的模型表明，在汇率变动的短暂冲击下，出口商在销售地看到的价格变动幅度比静态模型中预测的小。汇率变动越短暂，出口厂商价格变动幅度越小。因为从厂商利润最大化目标考虑，短暂的汇率变动后，厂商的价格将恢复到变动前水平，这样价格的短时期的波动将对销售地市场的需求造成冲击，当地市场份额对价格变动的反应有一定的滞后性。在需求对价格反应滞后的这一段时间里，厂商的利润水平不会是最优情况。在浮动汇率制下，汇率波动主要源于货币政策的影响，多是短暂的。所以我们通常观察到贸易品在销售地市场的价格波动往往是偏离一价法则的，其价格波动一般小于汇率的波动。总的来说，出口厂商在汇率短暂冲击的情况下，将基本上保持价格在销售地不变，通过调整利润空间抵消汇率变动的影响。

Froot 和 Klemperer（1989）将厂商定价行为分为即期和远期，假设即期与远期的成本、价格、利润、市场份额是相互影响的。通过对即期与远期厂商利润最大化原则，用利润函数的一阶导数得到相应的价格函数。它表明价格与每一期的成本和贴现率有关。第一期的价格影响当期市场份额，第一期的市场份额直接决定第二期的市场需求，影响第二期厂商的定价及利润，更大的市场份额则增加了厂商的第二期利润。所以可以把定价看作是厂商对市场份额进行投资的行为，合适的定价将扩大厂商的市场份额，更大的市场份额将增加厂商第二期的利润。反过来看,当预期汇率变动而改变厂商预期成本,从而也会通过影响预期利润影响当期定价决策。

基于沉没成本的解释。从沉没成本角度也较好地解释了汇率不完全传递效应。所谓沉没成本也称为沉淀成本,它是指在生产商生产初期产生的部分投入在短期内不会因为停产而转变成其他形式的资产,在初期投入时便沉没下来,不再成为生产商的机会成本的一部分。Krugman(1989)和Dixit(1989)从沉没成本解释了汇率不完全传递的原因,认为由于企业在进入市场以及投入生产的初期,在购置厂房及设备、利用广告或其他分销网络进行宣传时会产生一定的沉没成本。而沉没成本在短期内不可转变为现成价值,当预期到收益能补偿沉没成本时,生产商才会进入或退出市场。所以当汇率的小幅波动引起生产成本的小幅波动时,如果产品价格在减去可变成本的增量后还有利润,生产商会使产品价格保持基本不变,以保持产品原有市场地位的稳定性。这样,生产商对汇率变动不敏感,导致了汇率不完全传递效应。从动态看,生产商会进行利润净现值分析,当未来利润的贴现值低于其沉没成本,则面对汇率的变动,生产商一般会使价格保持原有水平,在市场上维持原有销售量。当本币贬值时,国内的出口商将不愿意降低价格,提高销售量;同样,当本币升值时,国内的出口商也不愿意提高价格,使得汇率传递不完全。

Baldwin(1988)建立了一个厂商动态跨期行为模型,分析了厂商在市场中的商誉与汇率冲击的关系。对于一个小幅的汇率波动,如果厂商拟进入新市场上消费者对原有品牌已经建立起一定的忠诚度,无形中增加了厂商进入新市场的门槛成本,厂商会因进入市场初始利润不足而选择不进入新市场。同样,即使汇率变动的影响使厂商维持原有价格难以弥补可变成本,已进入市场的厂商会推迟退出市场。在汇率冲击是暂时的情况下,厂商断然不会作出改变价格、进入或退出市场的决策。

Baldwin(1988)将能引起厂商进入或退出市场的汇率波动称为大的汇率冲击,反之则称为小的汇率冲击。厂商从利润最大化角度出发,如果汇率在T期仅发生暂时性波动,随后又恢复到初始汇率,此类波动不足以导致本国及外国厂商进入或退出市场,市场结构不变,进出口相对价格不会发生变化。如果在 T 期发生大幅的汇率波动,将会有国外厂商进入或退出国内市场,进出口相对价格发生相应变化。T 期后汇率逐步回到初始水平,由于后期的缓步回升不会导致本国及国外厂商进入或退出市场,所以市场上的厂商数目依然保持在 T 期水平,进出口价格也依然保持在 T 期水平。这样便出现了价格变化滞后于汇率变化的情况。在Baldwin(1988)的模型中,具体说明了汇率波动幅度在多大的区间里将使市场上不发生厂商的进入或退出。厂商进入市场时沉淀成本越大,区间范围越大,汇率变化对市场结构及价格的影响越小,汇率传递率也越低。

Baldwin(1988) 和 Krugman(1989)不再假设汇率是完全预期的。在Baldwin(1988)模型的基础上,假设汇率变动是随机的,服从独立同分布的过程。同时通过论证得到一个预期利润现值的区间,即上期厂商在市场中,当期依然留在市场中的预期利润现值,以及上期厂商不在市场中,当期厂商依然留在市场外的预期利润现值。如果汇率波动使预期利润现值在区间内浮动,则会使厂商数目发生变化,但是当汇率反向变化时,厂商进入或退出市场存在一定的迟滞效应,不会随之很快恢复到原来水平。这种价格变化相对汇率变化的滞后现象与Baldwin的研究结论是相同的。在Baldwin模型中假设的汇率变动未能考虑浮动汇率制的情况,这样与现实中的汇率波动有些差异。Dixit(1989)假设汇率波动满足布朗运动,这样与现实的汇率运动更加吻合,将厂商进入或退出市场的选择视为期权。

1.2.1.4 基于宏观层面的解释

随着新开放经济宏观经济学理论构架的确立,许多研究不完全汇率传递的学者开始将视角转移到宏观层面上来。

(1) 基于通货膨胀环境和货币政策规则的解释。在20世纪90年代,发达国家与新兴国家的汇率传递系数都比较低,与这些贸易往来国家间的通货膨胀率持续稳定地处于低位密切相关。在低通货膨胀率的环境下,长期来看汇率变动对于价格的影响较小。

Taylor（2000）针对国家间汇率传递弹性随汇率变动下降的现象作了相关研究，论证了通货膨胀率、汇率传递之间的关系，发现在国际竞争压力提高、通货膨胀率低的环境下，汇率波动对价格的影响较小，对出口商品的定价影响更小。Taylor（2000）提出交错定价（Staggered Price Setting）模型，该模型假设厂商存在于一个垄断竞争市场中，成本或价格变化对企业的定价能力存在长期的影响且相关性很大，通货膨胀率较低，成本与价格变化较小而保持基本稳定，厂商的通货膨胀预期也随之下降，企业价格不会有太大幅度的调整而保持相对稳定，导致汇率的传递率较低。Taylor（1993）论证了汇率传递与货币政策的关系。汇率传递在某种程度上取决于一国的货币政策，低通货膨胀率和稳定的货币政策将导致汇率传递弹性较低。同时，低汇率传递弹性也有助于通货膨胀率的稳定和货币政策的有效性。Bergin和Feenstra（2008）特别选取采用固定汇率制的国家——中国，发现美国从中国的进口份额的提高，汇率对美国进口价格的传递率降低。而Devereux、Engel和Storgaard（2003）提出了一个内生传递模型，假设传递是内生的，即出口厂商选择用出口对象国的货币为商品标价。传递的内生性改变了模型中经济结构的变量与汇率波动的关系，最后总结出汇率传递与货币政策的稳定性相关，即一国货币增长波动较小，则汇率传递率就较低；一国货币增长波动较大，则汇率传递率就较高。

Mishkin和Savastano（2001）认为，如果政府制定的通货膨胀目标可信度及透明度越大，可预期实现的效果越明显，则汇率传递弹性效应会下降，进出口的相对价格就越稳定。Devereux对汇率传递率与货币政策的关系作出进一步说明，指出从紧的货币政策在某种程度上会导致价格黏性，降低汇率传递弹性。通货膨胀的可预期性也可以在一定程度上保持价格的稳定性，降低传递弹性。

（2）基于贸易壁垒的解释。Bhagwati（1988）和Branson（1989）在研究汇率不完全传递时得出结论，认为一国的贸易政策，尤其是非关税壁垒中的进口数量限制是导致汇率不完全传递的主要原因。当一国实行如进口配额贸易政策时，那么在超过配额数量上供给是完全无弹性的，市场上供给曲线几乎垂直。当出口商的出口数量已经达到了配额的上限，无法继续扩大销售规模时，汇率的变动不会导致出口价格的任何变化，出口商即便在本币贬值时也不会去降低价格，可以说此时汇率传递率最小。

（3）基于全球化生产和公司内贸易（Intra-firm Trade）的解释。随着经济全球化的发展，许多跨国公司从企业战略角度考虑，在全球建立大量分支机构。当前的国际贸易主要是由跨国公司子公司间的公司内贸易引起的。出于全球战略布局的考虑，子公司间内部的价格制定将不会基于某一个单一出口企业利益的最大化。所以，价格对汇率的变化是不敏感的，定价行为会出现扭曲。

在汇率变动不稳定时，跨国公司一般不会任由销售地市场价格随汇率波动，而会尽量稳定市场价格。许多学者发现跨国公司子公司间的进出口贸易不会轻易受市场上不确定因素的影响，价格的制定首先考虑的是跨国公司的整体利益，主要选择销售地国货币进行定价，定价行为也较为灵活。这样，汇率因素对价格的影响是很小的，传递率是很低的。Holmes（1978）对英国一些跨国公司的子公司在销售地的定价行为进行研究，发现在汇率变动后，一些子公司在制定价格的时候更多考虑的是当地市场的相关因素，与汇率变动关系不大。

跨国公司的子公司间的内部汇率是一个常见的规避汇率波动和冲击的方法。内部汇率仅仅作为公司内部交易的出清机制，与外部市场上的汇率有较大差别。内部汇率的使用正是在满足跨国公司整体利益最大化原则，避免公司内资金、债权和债务在汇率变动影响下发生较大的波动。可以使资金在跨国公司内部按统一决策进行分配，也是一种封闭性定价策略。这种内部汇率制度作为子公司间一项主要的定价策略，主要是调控价格随汇率波动的幅度。澳大利亚的跨国公司广泛采用公司内部汇率制度，主要目的是避免汇率的大幅变动导致价格的动荡，使子公司间的进出口价格不受外部市场的干扰与影响，使汇率对价格的传递率大大减小。

跨国公司内部交易的支付时间更具有灵活性，也可以减小汇率的传递弹性。Grassman（1973）指出跨国公司通常支付形式较为自由，可以选择对自己有利的时机进行支付，在合同指定付款时间的基础上提前或延期履行付款责任。这种灵活性可以使子公司在制定价格时只考虑跨国公司的整体利益，汇率变动因素对之影响很小。如一国的货币贬值，其另一国的出口商如果不需要当期获得大量资金收入，可以在签订合同时允许进口国的子公司延期支付，待预计汇率恢复到原来水平时再进行偿付。Carse等（1979）发现这种弹性的制度安排是跨国公司特有的，一般的公司之间没有支付时间存在弹性的可能。跨国公司的子公司间可以有较长的信用期限。

Knetter（1994）指出，如果一国出口子公司需要向另一国进口子公司转移资金，会对进口子公司实行进口补贴如税收优惠，即以出口方货币设定较低的出口价格，方便进口商在当地制定零售价格后获得一定的价格加成（即利润）。因此，汇率对最终消费地的价格传递是不完全的。

总之，跨国公司会采用很多工具和策略来规避汇率变动的风险，从而保证跨国公司全球利润最大化。

1.2.2 汇率传递的计量研究

1.2.2.1 国外的计量研究

20世纪80年代，由于美元大幅波动而以美元计价商品价格相对稳定，学者们开始普遍关注汇率的传递效应，重点关注汇率传递程度的估算与传递机制的因果关系的检验。早期的计量研究主要采用时间序列的方法，检验汇率对总体物价或各产业影响程度的大小。近期研究较多地集中于汇率对价格链上不同价格传递机制方面，其分析方法更多地考虑变量之间的相互关系。

Kreinin（1987）较早地研究了汇率传递弹性的问题。实证结果表明，汇率对美国进口商品价格传递弹性是美国、日本、加拿大和比利时4个国家中最小的，只有50%，说明其他工业国家的出口企业依市定价能力更强，吸收了大部分的汇率变动。而日本、加拿大、比利时的进口商品价格汇率传递系数分别为60%、70%和90%。

Yang（1997）运用美国与17个进口贸易对象国的汇率和进口价格指数，采用面板数据模型的分析方法，分行业检验了汇率不完全传递的现象。研究发现传递弹性的差异主要在于进口商品的类型及产品特点的差异，与国家间的差异并没有太大关系，所分析的17个进口对象国在美国市场上依市定价的能力没有明显差异。也就是说，这17个国家的出口厂商在美国市场上均吸收了部分汇率的变动，保持其销售价格在美国市场上的稳定。

McCarthy（1999）认为汇率传递弹性受一国经济开放程度影响较大，经济开放程度一般用对外贸易依存度来衡量，即一国对外贸易额占GDP比重。一般来说，经济开放程度越大，对外贸易依存度越大，该国出口厂商依市定价能力越强，汇率对价格传递弹性越低。McCarthy用向量自回归（VAR）模型实证检验了从1976年到1998年汇率对进口价格指数、生产者价格指数、消费者价格指数的影响程度，发现在大多数工业国家里，一国经济的开放程度正向影响汇率传递程度，与汇率波动性呈负相关。

Eleanor（2004）也使用向量自回归（VAR）模型针对爱尔兰进口商品对汇率传递弹性进行实证分析，结果发现不完全传递现象主要是一种短期行为，由于爱尔兰进口对象国主要是欧洲的一些规模较小的国家，所以进口对象国家的规模偏小导致汇率的不完全传递。

Campa 和 Goldberg（2002）运用OECD 25国1975年至1999年汇率与出口产品价格指数的数据，对比了1975年至1999年以及1975年至1989年两段时期的汇率传递率。研究表明，从较长时间来看，汇率传递弹性较小，1975年至1999年的长期弹性与短期弹性与1975年至1989的相比，分别偏小4%和20%。

Wu（1993）针对台湾22个石油化工行业，选取了汇率、出口产品价格指数、成本加成率、边际成本几个变量，运用多个回归模型检验了台湾的石油化工行业存在一定程度的不完全传递现象。在新台币上升时，该行业的出口价格上升幅度小于台币升值的幅度。

Amit和Ramkishen于2007年运用1981年至2006年的季度数据，实证分析了汇率变动对印度进口商品价格传递弹性，得到汇率变动与印度进口商品价格呈负相关关系，传递系数约0.45%。Amit和Ramkishen于2009年再次运用1980年至2006年季度数据检验了汇率变动对泰国和韩国进口商品价格传递弹性，发现汇率对泰国进口商品传递弹性明显大于韩国。进一步对进口对象国进行细分，发现从美国进口商品的汇率传递弹性大于从日本进口商品的汇率传递弹性。

1.2.2.2 国内计量研究

由于长期以来我国采用的是固定汇率制度，国内学界对汇率传递效应没有深入研究。自2005年7月人民币汇率制度改革以来，许多学者开始研究汇率对价格的传递，进而对我国经济各个层面上的影响。国内针对汇率波动对价格传递效应的相关研究，大部分从总体或细分行业的角度分析汇率水平变动对出口商品本币价格或外币价格的影响，并对不同行业依市定价程度进行估计测算。

卜永祥（2001）用VAR模型检验了名义有效汇率、国内外物价水平和国内货币供应量的长期协整关系，汇率的变动对消费者价格指数和生产者价格指数的影响是显著的，其中汇率变动对生产者价格指数的同样传递系数更大一些。陈六傅和刘厚俊（2007）同样利用VAR模型检验了人民币名义有效汇率在1990年至2005年间对价格的传递效应。结果表明，人民币名义有效汇率对我国进口价格和消费者价格影响显著，但影响程度很小。汇率对价格的传递效应也受通货膨胀环境的影响，在通货膨胀率较低时，汇率对进口价格传递弹性系数较大，对消费者价格传递弹性系数较小。封北麟（2006）运用递归的VAR模型，整体及分行业检验了我国汇率对工业品出厂价格指数、消费者价格指数的影响，发现我国汇率传递效应总体看不显著，相比较而言，汇率对工业品出厂价格指数的影响较大，对消费者价格指数的影响较小。毕玉江和朱钟棣（2007）考虑了我国不完全竞争市场结构的特点，建立了一个适合我国汇率传递研究的分析框架，分行业实证检验了汇率对我国商品出口价格的传递效应，发现汇率对我国出口商品普遍存在不完全传递的现象，针对劳动密集型与资本密集型商品，汇率传递程度存在较大的差异。陈学彬等（2007）利用面板数据模型检验了HS分类下出口商品依市定价能力大小，论证了在人民币升值期间，具有比较优势的传统劳动密集型行业出口商降低本币出口价格的幅度较大，即具有较强的依市定价能力，而加工特征明显的技术密集型产品依市定价能力相对较弱。陈斌开等（2010）在汇率传递基准模型的基础上，考虑中间进口品价格受汇率影响后重新估计了出口价格汇率传递替代模型，结果表明，人民币升值导致进口中间品价格下降，即出口企业生产成本下降，因此企业更有动力降低本币出口价格来吸收汇率升值的影响。

另外，国内也有部分学者注意到在现实经济生活中，即便在汇率水平变动相同的时期内，尚存在诸多因素对依市定价行为造成不对称的影响。考虑汇率制度改革因素，项后军等（2011）研究发现，汇率制度改革后汇率变化对我国大部分出口商品价格具有长期影响，短期影响并不明显。大部分行业的出口商在2005年汇率制度改革后具有更明显的依市定价行为，汇率变动的72%要依靠出口商自己消化吸收。冼国明等（2014）将汇率制度变迁过程从2005年始划分为4个阶段，发现汇率变动对价格的传递效应在汇率制度变迁的影响下存在较大差异性，甚至影响的方向都会发生逆转。考虑汇率波动幅度因素，姜昱等（2010a）研究发现，在不同汇率波动方向及波动幅度下，汇率传递是不对称的。人民币汇率贬值时的汇率传递弹性为负，升值时的汇率传递弹性为正。当人民币汇率波动幅度小于2.68%时，汇率传递弹性为-0.5815；当汇率波动幅度大于2.68%时，汇率传递弹性为-0.0578。项后军等（2011）从出口企业总体层面以及行业层面比较分析了美国经济波动、汇率波动率、汇率变化幅度对出口企业依市定价行为的非对称性影响，重点研究了在影响因素变化前后出口企业依市定价程度存在明显差异的现象及原因。

1.3 研究思路、方法及创新点

1.3.1 研究思路

本书依据"描述现状→分析原因→探讨微观企业应对措施→提出宏观政策建议"的逻辑顺序展开研究。

首先，归纳总结出解释汇率不完全传递的理论基础。回顾2005年7月汇率制度改革以来人民币汇率的变动趋势与出口商品贸易结构、出口商品价格变动情况。为了进一步研究汇率的不完全传递性，我们将从不同的行业层面进行分析。结合理论中讨论得出的典型的相关影响因素，针对主要的制造行业，通过实证研究得出人民币汇率传递弹性的大小，分析人民币汇率不完全传递的现状。然后，从传递弹性的影响因素，例如出口企业的市场势力、出口企业对国际市场的依赖程度、出口商品的竞争优势，来分析造成传递弹性大小的原因。最后，分析在目前不完全汇率传递弹性的情况下，出口企业如何吸收和消化汇率风险，提高国际竞争力的各种措施，以及汇率不完全传递对制定我国汇率政策、贸易政策以及宏观经济政策有怎样的影响。

1.3.2 研究方法

笔者学习和借鉴了开放经济宏观经济学的理论研究方法，也注意选取计量经济学中合适的实证研究方法。具体来说包含以下几个方面。

（1）局部均衡分析法。理论上来说，如果在分析汇率及出口价格变动时能将相关因素如劳动力成本、原材料价格、市场结构等因素当作内生变量来处理，分析问题将更具准确性。但是实际分析时较难实现，只能采用局部均衡的分析方法分析汇率对价格的影响程度，而把诸多影响因素一律当作外生变量。

（2）面板数据分析法。本书采用的面板数据模型可以充分考虑这些时间段和个体截面的信息，较为有效地避免变量之间多重共线性的发生，增强估计结果的有效性。

（3）描述统计分析方法。本书针对我国的市场结构、出口产品对外部市场的依赖程度、出口产品竞争力等方面采用了描述统计分析方法。

1.3.3 主要创新点

（1）利用行业层面数据，从企业定价行为角度研究人民币升值对我国经济的影响。

（2）利用行业面板数据进行分析，并考虑了生产成本、技术创新、市场份额等因素，分行业研究汇率对出口价格的传递效应。

（3）考虑汇率及技术进步对生产成本的影响因素，通过非线性门限模型实证分析此因素对汇率传递弹性的影响。

1.4 研究内容与结构安排

全书由7章内容组成。第1章是导论，第7章是总结。中间各章在汇率不完全传递的理论模型基础上，分析了我国汇率制度改革以来人民币汇率与出口变动的关系，在总结了汇率变动对我国主要出口产品不完全传递的原因后，从企业微观角度及政府宏观层面探讨了在汇率不完全传递下的应对策略。

第1章是导论。首先，指出研究人民币汇率波动对出口价格传递效应的必要性；其次，从传统开放经济宏观经济学、不完全竞争和产业组织理论、新开放经济宏观经济学等角度阐述了理论上的研究基础；随后，介绍了近期国内外学者对该问题所做的相关计量研究。

第2章归纳了汇率不完全传递的理论模型，为后续研究提供理论基础。本章主要介绍了Magee（1973）和Branson（1989）提出的黏性价格理论；Krugman以及Bergin和Feenstra（1987）提出的依市定价理论，Marston（1990）提出的关于依市定价的开创性理论研究模型；沉淀成本和滞后理论；汇率波动理论。

第3章描述了2005年汇率制度改革后人民币汇率与我国出口变动情况，尝试找出人民币升值与出口商品结构及出口价格的关系。

第4章考虑了汇率、生产成本、市场份额、技术创新等因素对出口商品价格的影响。首先，利用面板数据模型，对12类主要的制造业行业进行了细分，并作出相关实证分析。其次，去掉生产成本变量，用替代模型重新进行估计，探讨当考虑汇率及技术进步因素对生产成本的影响后，汇率的传递弹性有怎样的影响。最后，利用技术创新为门限变量，分析了技术创新因素对汇率传递弹性的非对称性影响。

第5章主要探讨了汇率变动对我国主要出口产品不完全传递的原因。主要从我国出口商品的市场势力、出口商品对国际市场的依赖性、出口商品的竞争优势3个方面系统深入地分析。

第6章从企业微观角度及政府宏观层面探讨了在汇率不完全传递下的应对策略。微观方面，从增加进口原材料、提高市场集中度、淘汰落后产能、促进技术创新几方面提出相应可行性策略；宏观方面，针对汇率的不完全传递，对我国的汇率政策、出口贸易战略、经济增长方式、货币政策提出建议。

第7章为本书的主要结论和研究展望。

2 汇率传递的理论基础

在国际经济学中,汇率与国际收支、通货膨胀以及价格水平的关系是被学者们广泛关注的问题。特别是当世界上主要的经济体先后将汇率制度由固定汇率制度转向浮动汇率制度以后,在20世纪80年代美元汇率大幅波动的条件下,主要的工业化国家的贸易收支不平衡达到了极点,汇率波动对价格水平的传递作用以及是否能自动调节一国贸易收支吸引了众多学者的广泛关注。另外,20世纪末期,大多数国家通过实行浮动汇率度制度使货币政策有效地抑制了通货膨胀预期,汇率传递再度成为学界的研究重点。研究中发现,汇率传递程度是影响货币政策有效性以及抑制通货膨胀的重要因素。

在世界经济一体化的大背景下,中国经济的快速发展愈来愈多地引起了世界的关注,从中国2005年7月21日人民币汇率制度实行以市场供求为基础,参考一揽子货币进行调节,有管理的浮动汇率制度以来,人民币汇率呈现双向波动、长期升值的趋势。关于人民币汇率的形成机制以及汇率在世界经济失衡中所起的作用也成为了学者们研究的焦点问题。其中,人民币汇率波动对价格水平的影响即汇率传递效应是与汇率相关问题中的热点之一。

2.1 汇率传递的内涵

汇率传递（Exchange Rate Pass-through Effect）即汇率变动引起价格水平改变的程度。汇率传递是研究汇率与国际收支、通货膨胀问题的关键因素。在现有的研究中，汇率传递是指名义汇率变动对一国商品进出口相对价格或国内物价水平的影响程度。Kreinin（1987）提出汇率传递的概念是"汇率变动对一国本币表示的进口价格水平以及外币表示的出口价格水平变动的影响程度"。这是对汇率传递界定最早也是较为完整的概念。Ohno（1989）以及Goldberg 和 Knetter（1996）只是单独从汇率变动对进口价格影响程度衡量汇率传递。随着开放经济宏观经济学的发展，一些学者如Menon、McCarthy等将汇率传递的内涵进一步外延化，认为汇率传递是汇率传递变动对生产者价格和消费者价格的影响程度。国内学者在研究汇率变动与通货膨胀相互关系时也引用了此概念。总的来说，不同的学者出于不同的研究目的会对汇率传递作出不同的界定。在本书的研究中，汇率传递就是指汇率变动导致出口商品外币价格变动的程度。

2.2 汇率传递的相关理论

汇率传递理论在浮动汇率制度下有了跨越式的发展。汇率传递理论从传统的产业组织理论的分析框架转变到新开放经济宏观经济学的分析框架，并且开始从宏观层面分析汇率传递弹性的影响因素。当前学者们普遍开始关注汇率传递的宏观经济效应包括支出转换效应、通货膨胀效应以及这些宏观经济效应对最优货币政策和汇率政策的影响。

汇率变动对价格的不完全传递是一种通常状态，其传递弹性大小对一国厂商的竞争力及对贸易收支失衡的调整有较大的影响力。下文主要对汇率不完全传递的相关理论进行了梳理，作出了归纳。

2.2.1 黏性价格理论

价格黏性可以导致汇率的不完全传递。大量研究表明，价格黏性程度越高，汇率传递弹性较小。许多学者认为在完全竞争市场上，汇率不完全传递仅仅在短期存在，从微观角度有以下两种解释。从价格调整定价货币选择和价格设定方式来看，厂商定价货币选择有两种方式：生产者货币定价（Producer Currency Pricing，PCP）和当地货币定价（Local Currency Pricing，LCP）。厂商价格设定方式有价格提前预设和价格交错调整。Magee（1973）认为，短期内如果价格提前预设，LCP的定价方式将导致汇率传递系数为0，PCP的定价方式将导致汇率传递系数为1。如果使用LCP和PCP方式交错定价，则无论选择何种定价货币，每一期价格都只有部分会对汇率变动作出反应。无论采用LCP或PCP定价方式，汇率传递系数一般只介于0与1之间。

另外，汇率不完全传递也可以从供给及需求弹性大小来解释。Branson（1979）的一个简单供求模型便可说明早期宏观模型对汇率传递问题的认识。在市场一体化的情况下，两个国家之间进行国际贸易，一个为出口国，一个为进口国，市场的需求量（Q_D）和供给量（Q_S）可分别由下面两个方程所决定：

$$Q_D = D(P_{X,F}) \quad (2-1)$$

$$Q_S = S(P_{X,D}) \quad (2-2)$$

这里，是按照进口国货币表示进口国的市场价格，用出口国货币表示出口国的市场价格。那么，根据一价定律，必然有：

$$Q_S = S(P_{X,D}) = S(EP_{X,F})$$

在这里分别用需求弹性、供给弹性表示，且假设其是固定不变的，那么式（2-1）和式（2-2）取对数形式可以转化为：

$$\ln Q_D = \alpha_X \ln P_{X,F}$$

$$\ln Q_S = \beta_X \ln(E + P_{X,F})$$

当市场均衡时，有：

$$(\alpha_X - \beta_X)\ln P_{X,F} = \beta_X \ln E \quad (2-3)$$

式（2-3）进而可以转化为：

$$\ln P_{X,F} = [\beta_X/(\alpha_X - \beta_X)]\ln E \qquad (2\text{-}4)$$

式（2-4）右边第一项分子、分母同时除以 β_X 可以简化为：

$$\ln P_{X,F} = [-1/(1-\alpha_X/\beta_X)]\ln E \qquad (2\text{-}5)$$

根据式（2-5）和出口价格传递的含义，可得汇率变动的出口价格传递为：

$$(\mathrm{d}P_{X,F}/P_{X,F})/(\mathrm{d}E/E) = -1/(1-\alpha_X/\beta_X) \qquad (2\text{-}6)$$

式（2-6）显示，汇率传递弹性大小与供给弹性呈正相关，与需求弹性大小负相关。当供给曲线垂直、弹性极小几乎为零时，汇率传递弹性也几乎接近于零；而需求曲线更加富有弹性接近水平时，汇率传递弹性也几乎接近于零。也就是说，在这种情况下，出口厂商要几乎全部承担汇率波动的风险，那么按出口国本币表示的出口商品价格则波动较大。

从式（2-6）可以看出，汇率不完全传递多数在短期内供给弹性较低的情况下产生，长期内由于合同的短期黏性价格因素影响逐步削弱，汇率的传递弹性系数必然会上升。在足够长的时间内，汇率变动对价格的传递效应必然是完全的。

Taylor（2000）从宏观角度研究了价格黏性与通货膨胀和货币政策的关系，论证了汇率传递弹性与通货关系膨胀率及货币政策的关系，如果通货膨胀率较低，实行紧缩的货币政策，汇率传递弹性较低。在Taylor的交错价格调整模型中，论证了低通货膨胀率是造成汇率传递弹性下降的主要原因。Taylor认为，一国本币贬值会导致生产成本上升，而成本上升会导致通货膨胀率的上升，从而提高汇率传递弹性。

在Adolfson（2004）提出的二次型价格调整模型中，设定了价格调整参数，并将其设为价格黏性程度的代理变量，通过推导出的汇率传递弹性公式进行实证分析，发现与汇率传递弹性反向变化，即调整参数越大，价格黏性程度越大，汇率传递弹性越小。

Devereux（2000）进一步结合计价货币的选择问题论证了货币政策与汇率传递弹性的关系。在他建立的两国一般均衡模型中，将货币政策的稳定作为一个重要因素。如果一国货币政策稳定性越强，该国货币越容易被进出口商选择作为计价货币，则汇率对该国进口商品的传递弹性越小，对该国出口商品的传递弹性越大。

2.2.2 依市定价理论

出口商的依市定价（PTM）最早是由 Krugman 提出，指厂商在垄断竞争的市场中针对分割的市场实行歧视性定价的行为。Goldberg 和 Knetter（1997）指出在不完全竞争市场下，汇率不完全传递主要指价格构成中的成本或利润（成本加成）发生了与汇率变动方向相反的改变。如当本币升值时，本国出口企业的成本下降或利润下降（成本加成下降）导致本币出口价格的下降。

若进口价格随汇率变动，汇率变动通过影响边际成本或加成（或者同时影响边际成本和加成这两个变量）。出口商通过改变成本加成率来吸收一部分汇率变动，控制出口产品在销售目的地的市场价格，出口商具备的这种能力即"依市定价"能力。汇率通过对产品边际成本产生与出口企业的成本加成影响出口产品价格。正如 Knetter（1994）、Athukorala 和 Menon（1995）指出，这种由于汇率变动引致的出口厂商在不同市场上加成份额的调整，一般被称为"依市定价"。

Krugman（1986）较早地从细分市场结构的角度系统分析了厂商的依市定价行为对汇率传递的影响。在他的理论框架及实证模型中，依市定价行为具体则是出口商在垄断市场（或垄断竞争市场）实现垄断价格歧视行为和保持及扩大市场份额的行为。出口商在具体实施定价行为时主要依据产品在不同市场上的需求价格弹性和所占据的市场份额，对成本加成部分进行调整，进而影响出口价格，最终导致汇率不完全传递现象。

在 Krugman 等人的模型中，假设边际成本不受汇率变动的影响，仅考虑汇率对加成调整的影响。我们设 η 为进口市场的需求弹性，则可以把公式 $P = E \times MC \times MKP$ 写成 $P = E \times MC \times \eta/(\eta-1)$[①]。下面具体从价格歧

[①] 成本加成率是根据厂商利润最大化的必要条件边际收益（MR）等于边际成本（MC）推导而来，即 $R(X) = P(X) * X$（R 为总收益，P 为产品价格，X 为产量）

$$MR(X) = P(X) + X\frac{\partial P(X)}{\partial X} = P(X)[1+\frac{X}{P(X)}\frac{\partial P(X)}{\partial X}] = P(X)[1-\frac{1}{\eta}] = MC(X)\frac{P(X)}{MC(X)} = \frac{1}{1-\frac{1}{\eta}}$$

视和保持市场份额角度说明依市定价行为对汇率传递弹性的影响。

在垄断市场结构下,整个市场的需求弹性曲线也就是单个厂商的需求曲线。Krugman(1986)认为,在需求弹性不变的情况下,出口厂商的成本加成是不变的。这样,汇率变动对本币出口价格没有影响,对外币出口价格传递是完全的,即不存在PTM现象。但是,假设本币升值,随着外币出口价格的提高,目的地市场的需求弹性发生变化而呈上升趋势。出口商针对目的地市场,为保持或扩大市场份额便会主动降低成本加成,降低出口商品的本币价格。这样,出口商品在目的地市场上价格上升的幅度将小于汇率变动的幅度。可以说,目的地市场需求弹性变化对价格变动越敏感,成本加成反向调整的幅度越大,汇率传递弹性越小。

在垄断市场上,除了上述市场需求弹性变化引起价格歧视行为将导致汇率不完全传递之外,出口产品占据的市场份额及与相似产品间的替代弹性通过影响需求弹性进一步影响汇率的传递弹性。在Krugman建立的古诺模型中,将整个行业的需求价格弹性与单个厂商的需求价格弹性进行区分,假设行业需求价格弹性不变,而每个厂商的需求弹性为行业市场需求弹性除以厂商所占的市场份额。因此,国内外厂商的相对市场份额对汇率传递弹性影响很大。如果在目的地市场,本国出口厂商占据的市场份额越小,则需求弹性随价格变化有较大的波动,则汇率在目的市场的传递弹性越小。而Dombusch等(1987)依据产品差异化的伯川德模型发现了厂商的需求弹性与产品占据的市场份额以及同类型产品间的替代弹性相关。因此,汇率传递弹性可以表示为市场份额和产品替代弹性的函数。产品在国外市场所占据的市场份额越大,相似产品间的替代弹性越大,汇率传递弹性也越大。

在Marston(1990)提出的依市定价模型中,首次具体将汇率对出口商品的本币价格传递弹性、汇率对出口商品的外币价格传递弹性与衡量依市定价系数进行细分。设出口商品的本币价格为P_{it},出口商品的外币价格为P_{it}^*,在两国市场之间不存在套利行为。两个市场的相对价格为$X_{it}=(e_t P_{it}^*)/P_{it}$,依市定价与这个相对价格相关。从本国厂商利润最大化的一阶条件得出如下定价策略：

$$P_{it} = C_l M(\frac{P_{it}}{CPI}, Y) \quad （2-7）$$

$$eP_{it}^* = C_l M^*(\frac{P_{it}^*}{CPI^*}, Y^*) \quad （2-8）$$

其中，C_l 为边际成本；$M(\frac{P_{it}}{CPI}, Y)$、$M^*(\frac{P_{it}^*}{CPI^*}, Y^*)$ 分别是国内和国外价格的加成函数。它们分别可以写成 $M = \varepsilon/(\varepsilon-1)$，$M^* = \varepsilon^*/(\varepsilon^*-1)$。通过上述定价策略，分别设定汇率对出口商品本币价格及外币价格传递弹性模型，通过实证检验分别得到汇率对出口商品外币价格传递弹性 α_1 是小于0的，汇率对出口商品本币价格的传递弹性 α_2 与边际成本及产出相关，并进一步推导出 PTM 弹性系数，即汇率对相对价格 $X_{it} = (e_t P_{it}^*)/P_{it}$ 的传递弹性为 $\beta = 1 + \alpha_1 - \alpha_2$。

在这种情况下，引起价格不完全传递的原因即加成份额和边际成本可以由更加具体的变量来表示。加成份额的变动与市场需求弹性相关，而边际成本变动与生产投入的成本或产量相关。

2.2.3 沉淀成本和滞后理论

沉淀成本又称沉没成本，一般是企业在进入市场以及投入生产的初期，在购置厂房及设备、利用广告或其他分销网络进行宣传时会产生的成本，是在生产初期投入而后期不易转变成其他资产的成本。汇率变动的动态传递机制一般是一个长期发展过程，进出口相对价格在短期对于汇率变动存在明显时滞。Krugman（1989）和 Dixit（1989）从沉没成本解释了汇率不完全传递的原因。因为沉没成本在短期不易转变成资金或其他资产形式，厂商在作出价格变动的选择时，只有在预期价格能补偿沉没成本才会进行。所以，即使汇率的小幅波动导致生产成本的小幅波动时，如果原来产品价格足以补偿可变成本，厂商将宁愿牺牲部分利润而在一定范围内使产品价格保持原有状况，保持产品原有市场地位的稳定性。这样，厂商对汇率变动不敏感，导致了汇率不完全传递效应。例如出口企业在面对本币升值情况时，出口企业更加期望能保持原有市场份额，所以会降低本币价格，出口商品外币价格不会与汇率同比例上升。同样道理，如果本币贬值，沉淀成本也会阻止出口企业在国外市场降低价格，会保持原有销售利润，导致汇率变动对进出口相对价格传递弹性降低。

2.2.4 汇率波动理论

汇率波动率的大小也是影响汇率不完全传递的一个较为重要的原因。汇率波动的频率及大小与汇率传递弹性有着显著的负相关关系。厂商一般在汇率波动幅度不大的时期逐步吸收前期汇率变动对价格产生的影响，也就是说，此阶段的价格变化与汇率在前期引起的价格变化是相反的，从而导致汇率不完全传递现象更加明显。由此可以认为，宏观经济政策的稳定性在一定程度上会影响汇率的波动性，特别是20世纪70年代开始大多数国家实行浮动汇率制度以来，许多国家都曾经历过汇率大幅波动的阶段，当时汇率变动对进出口相对价格的传递效应有着明显的影响。

2.3 汇率传递的宏观经济影响

自20世纪90年代中期以来，学者们对汇率传递的研究开始从微观角度转向宏观层面。从宏观层面看，汇率传递对进出口产品的支出转换效应、对最优货币政策和汇率制度的选择是研究的重点。

2.3.1 汇率传递与支出转换效应

汇率变动的支出转换效应是指汇率变动对国内外产品的相对价格的影响程度，这会导致进出口产品与本国产品的相互替代，进一步对贸易收支产生影响。汇率传递弹性系数衡量汇率对进出口产品价格影响程度，也就是支出转换程度的大小。具体来看，进出口产品主要分为最终消费品与中间产品两类，汇率变动将直接导致消费者支出转换效应与生产者支出转换效应的产生。

当前大多数对于支出转换效应的介绍主要是针对"消费者支出转换效应"来阐述的。对一国来说,区分汇率变动对进口商品价格与该国商品价格影响非常重要。汇率变动对进口商品价格传递弹性越大、速度越快,在消费进口商品上产生的支出转换效应就越大。如果汇率变动通过对进口商品价格的传递效应进一步影响到该国一般商品价格,那么传递弹性越大、速度越快,则支出转换效应越小。

汇率传递弹性与"生产者支出转换效应"的关系与上述类似。当汇率发生变动时,一国的生产者在进口的中间品和国内生产的中间品之间发生转换。Obstfeld(2002)认为,汇率对进口中间品价格传递弹性和中间品的替代弹性决定生产者支出转换效应的大小。由"生产者支出转换效应"也可能导致显著的"消费者支出转换效应"。因为当地生产者出售给消费者的最终产品结合了进口中间品和当地产品,这样汇率对进口中间品价格传递弹性越大,消费者支出转换效应也越大。

2.3.2 汇率传递与最优货币政策和汇率政策的选择

在传统开放经济宏观经济学的研究领域中,蒙代尔等一批经济学家在研究汇率制度的选择上主要考虑了经济开放程度、要素自由流动性和货币政策的目的。而在学者的相关研究中,汇率传递对最优货币政策与汇率政策的实施有一定的指导意义。

Obstfeld 和 Rogoff(2001)在新开放经济宏观经济学框架下进行研究,他们分别考虑了在PCP和LCP定价方式下最优汇率制度与货币政策选择问题。在PCP定价方式下,浮动汇率制度是最优的,原因有以下3个方面:①汇率传递弹性是实现相对价格调整的必要依据,通过汇率对价格的完全传递弹性可以有效地实现资源配置效果;②在浮动汇率制下,如果存在黏性价格,则实现帕累托最优(Constrained Pareto Optimum)是受约束的;③汇率的完全传递可以实现最优汇率政策的自我导向(Self-oriented),不需要国家和政府部门过多地协调和干预。

Engel等(1987)在PCP定价下也得到了同样的结论,另外,对LCP

定价方式下汇率政策和货币政策的实施也进行了分析。LCP定价方式下，汇率对消费者价格的传递弹性为零，消费者当地物价完全不受汇率冲击的影响，政府部门用货币政策去影响进出口商品的相对价格是无用的。这时选择固定汇率制是最优的，资本市场也可以实现完全的风险分担。

Corsetti和Pesenti（2001）论证了货币政策与汇率传递程度的相互影响。出口企业在既定的货币政策下主动调整价格，确定汇率对价格传递的程度；而政府部门以出口商的价格制定即汇率传递程度为依据，确定最优货币政策。研究结果与上述结论是一致的：在开放经济体中，当厂商采用PCP方式定价时，汇率传递弹性是完全的，在浮动汇率制下，汇率对价格的调整更富于弹性，货币政策可以很好地发挥其有效性，稳定价格以及通货膨胀预期。当厂商采用LCP方式定价时，汇率变动对价格完全无影响，固定汇率制度是可行的，政府部门实施的货币政策是无效的。这种情况下，货币联盟是所有国家最优的政策选择。

Corsetti和Pesenti（2001）在汇率对消费者价格部分传递条件下研究了最优的汇率传递程度及对应的最优货币政策。当汇率变动对厂商加成产生影响，引致汇率的不完全传递时，稳定消费地物价的货币政策不是最优的。因为这样将提高汇率的波动性，国外出口商在面对消费地市场价格不确定性时往往会制定更高的价格，从而损害消费者的利益。因此，当货币政策目标在决定是否采取稳定产出与消费者价格时，汇率传递弹性则是制定最优货币政策的一项重要依据。汇率传递弹性越大，汇率对进出口相对价格及一般消费品价格的影响越大，如果选择稳定产出与价格水平的货币政策，则会增强汇率波动性，这时选择浮动汇率制度是最优的。相反，如果汇率传递弹性小，选择固定汇率制度是最优的。

3 2005年汇率制度改革以来人民币汇率与我国出口变动情况

自1978年改革开放以来,人民币汇率制度改革大致经历过如下阶段:1984年至1994年的"双轨制",即官方汇率与市场汇率并存;1994年至2004年的固定汇率制,即将人民币与美元维持固定的比率,由官方干预保证汇率波动只能稳定在一定范围内;1994年的结构式调整,即实现汇率并轨,实行以市场供求为基础的、单一的、有管理的浮动汇率制;2005年的汇率制度改革,即以市场供求为基础、参考一揽子货币进行调节、有管理的浮动汇率制度。从2003年日本的"广场协议"至今,人民币一直面临着较大的升值压力。以美国为代表的发达国家一直认定中国政府操控汇率,汇率形成机制存在明显缺陷导致汇率离真实市场化水平很远,人民币汇率严重低估,甚至造成了世界经济失衡。在人民币升值趋势明显且一直面临较大升值压力的影响下,我国出口商品结构以及我国出口商品价格随之会如何发生变化,是本章要研究的具体内容。

3.1 人民币面临的升值压力

第一,中国经济的持续快速增长以及劳动生产率的提高是人民币升值的内在压力。近年来,人民币面临着较大的升值压力,但各界对于人民币汇率的低估程度见解并不一致。目前对人民币汇率低估情况的研究方法主要有现代均衡汇率理论和巴拉萨-萨缪尔森效应两种。其中后者的最初形式是对绝对购买力平价理论的重构，从而解释购买力平价与现实汇率水平存在系统性差异的原因。其中，Balassa（1964）提出的巴拉萨-萨缪尔森效应最有代表性。之后诸多学者在三部门拓展（Brock）、动态均衡分析（Asea and Mendoza）和垄断竞争的微观基础（Giovannini ect.）等方面，对该理论进行了发展。Asea和Corden（1994）在巴拉萨-萨缪尔森效应提出30周年的时候，使用现代经济学分析的方法，将该理论进行了规范化的表述，并得出了相应的理论结果。

中国经济的稳定增长是人民币升值的潜在压力。一般来说，一国经济呈增长趋势的情况下该国货币必定存在升值的预期。2001年至2007年，中国GDP年均增长10.7%，在2008年发生全球金融危机后两年，由于我国于2008年实行一系列拉动经济增长的政策，在2008年下半年出现下滑迹象后，于2009年很快走出经济低谷，显现复苏，2009年我国GDP增长也达到8.7%。而2009年美国、日本、欧盟经济却出现明显低迷状态，经济增长分别仅为2.5%、5.3%和3.9%。所以自2009年底以来，国际社会对人民币升值的压力加大。

Cassel（1972）提出的"购买力平价"是最为有影响力的汇率决定理论，该理论认为，汇率是由购买同样商品使用的货币数量之比决定的，也就是说由两种货币各自具有的购买力之比决定，而货币的购买力主要是受一国通货膨胀速度、劳动生产率的影响。2005年至2010年，由于各国都将稳定通货膨胀作为宏观政策调控的首要目标，各主要国家CPI变化趋势基本一致，差距并不明显，所以，各国相对通货膨胀的变化并不是影响汇率的主要因素。劳动生产率是影响汇率变化的一个重要因素。一国劳动生产率越高，单位时间里的产量越大，货币的购买力水平越高，货币升值的趋势也应该越明显。在许多文献中采用人均GDP来表示劳动生产率，而中国的人均GDP虽没有GDP总量增速快，但也依然保持稳定小幅的上升趋势，人民币面临的升值压力较大。

卢锋（2006）对该问题进行了系统的研究，他以巴拉萨-萨缪尔森效应为分析起点,更多地考虑了传统模型中所未涵盖的中国特有情形,如生产率的"V"形追赶形态,劳动成本的倒"V"形走势和体制转型等因素,从而将人民币实际汇率的长期变化趋势演绎为具有中国特色的巴拉萨-萨缪尔森效应模式。卢锋（2006）的研究中,还对两部门的工资增长及单位劳动成本等数据进行了系统的整理和度量,并以此为基础进行国际比较研究。但其他国家的相应数据有限,因此参与比较的样本数量也比较有限,这是该方法面临的约束。

第二,中国国际收支中经常项目与资本项目持续出现的"双顺差",进一步强化了人民币升值的内在动力。在"国际收支决定论"中,国际收支的差额直接影响着一国外汇的需求和供给。如果一国收支为顺差,外汇需求大于外汇供给,则本币将升值。从我国国际收支状况来看,我国从1994年人民币汇率制度实行结构性调整以来,经常项目与资本项目都一直保持"双顺差"且上升幅度较大。特别是2005年汇率制度改革以来,我国对外贸易的持续顺差及国际资本大规模的流入,以及我国在加入WTO后多年来实行的强制结售汇制都无形中增加了外汇储备,增加了外汇需求,导致人民币升值趋势明显。

我国自2000年起,外汇储备呈快速增长趋势。2006年2月中国外汇储备达到8 536亿美元,超过日本跃居世界第一,2009年首次突破2万亿美元大关,2011年底达到3.18万亿美元,2000年至2011年中国国际收支平衡表如表3-1所示。可以看出,经常项目和资本项目的"双顺差"是导致外汇储备快速增长的直接原因。

从1999年至今,中国国际收支中经常项目和资本项目均为顺差。特别是从2005年到2008年间,经常项目盈余增长迅速,4年内增长近3倍,同期的资本项目盈余却呈下降趋势。从2009年到2011年,经常项目盈余趋于下降,而资本项目盈余直线上升,最终两者盈余水平基本相当。经常项目与资本项目的盈余使外汇储备规模扩大,增加了人民币升值的压力,同时也增加了货币扩张的压力,加剧国内的通货膨胀。

表3-1 2000—2011年中国国际收支平衡表（单位：亿美元）

年份	经常项目	资本项目	年份	经常项目	资本项目
2000	205	19	2006	2533	66.7
2001	174	348	2007	3718	735
2002	354	323	2008	4261	189
2003	459	527	2009	2971	1448
2004	687	1107	2010	3054	2260
2005	1608	630	2011	2017	2211

资料来源：根据国家外汇管理网站http://www.safe.gov.cn资料整理而得。

第三，世界经济存在的结构失衡问题成为人民币升值的外部压力。20世纪末期，贸易保护主义重新抬头，人民币成为主要发达国家的施压对象。2001年发生"9·11"事件以来，美国为了本国利益实行"弱势美元"政策。2007年发生的次贷危机以及由此引发的全球金融危机更让美元贬值"雪上加霜"。为了防范次贷危机，美联储不断下调利率，并向市场注入大量的流动性，结果导致美元贬值加剧。而人民币在2008年再度收窄了浮动区间，事实上盯住美元的汇率制度造成了人民币相对欧元、日元等国际货币贬值，因而引起有关国家的不满。出于贸易保护主义，以美国、欧盟为首的发达国家向中国政府施加压力，希望人民币加快升值，以减少美国、欧盟对中国的贸易逆差，这形成人民币升值的外部压力。以美国为代表的部分发达国家长期以来一直认为中国的汇率操纵造成了美国严重的制造业失业问题，中国为了获得巨大的出口竞争优势，人民币存在着严重的低估现象。美国政府以此为由，给中国政府施加了升值压力。

3.2 汇率制度改革之后的人民币汇率趋势

2005年进行汇率制度改革，在此之后人民币逐渐发力，人民币兑美元逐渐开始升值。从2005年7月至2011年12月，根据中国人民银行金融研究所公布的数据，人民币兑美元双边汇率升值30.2%，人民币名义有效汇率和实际有效汇率分别升值13.5%和23.1%，升值幅度明显。

人民币兑美元汇率自汇率制度改革后很短的时间内升值幅度非常明显，在改革后仅10天之内升值幅度达到0.48%。从2005年7月至2011年末，人民币名义有效汇率与实际有效汇率均呈现先升后降的变化趋势。根据中国人民银行金融研究所公布的数据，人民币兑美元双边汇率升值30.2%，人民币名义有效汇率和实际有效汇率分别升值13.5%和23.1%，升值幅度明显。2005年至2008年7月是人民币升值幅度最大的一个阶段，三年半的时间内，人民币兑美元名义汇率升值幅度达17.35%，可以说是历史上升值最快的一个时期，在此影响下，我国的贸易结构得到了一定程度的改善，居民的消费福利也得到了很大程度的提高。2008年后期至2010年，由于受美国次贷危机和其引发的全球金融危机的影响，以及美元及欧元多种国际主要货币共同贬值，人民币升值速度放慢，但依然呈现较小幅上升双向波动的情形。此阶段央行为了缓解我国大多数中小型外贸企业的生存压力以及刺激我国的经济增长，当时人民币兑美元名义汇率一直保持在6.8左右浮动。

2010年6月19日，中国进一步推进人民币汇率形成机制改革，增强人民币汇率弹性，坚持以市场供求为基础，重新重视参考一揽子货币进行调节的汇率制度。自2012年以来，汇率的波动特征由单向的浮动转向双向浮动，且浮动区间扩大。汇率波动幅度增加将使出口企业承受较大的汇率变动成本，面临更大的不确定性风险，故当前就汇率政策本身而言，相对于汇率水平变动，需重点关注汇率波动幅度，以免汇率剧烈波动使我国出口企业进退失据。

人民币汇率的升值对缓解我国前3年间对外贸易额的萎缩以及中小企业的失业问题都有一定的作用，尤其能较好地促进我国产业结构及外贸结构的升级。

2005年7月至2011年12月的人民币对美元名义汇率如图3-1所示。2005年7月至2011年7月按HS分类的出口商品结构，如表3-2所示。

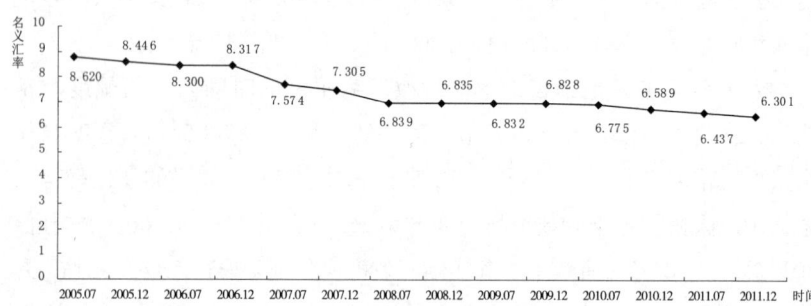

图3-1 2005年7月—2011年12月人民币兑美元名义汇率
资料来源：中经网统计数据库。

表3-2 我国2005年7月—2011年7月按HS分类的出口商品结构（单位：%）

分类	2005.07	2006.07	2007.07	2008.07	2009.07	2010.07	2011.07
HS01	0.84	0.72	0.59	0.58	0.76	0.69	0.71
HS02	1.05	0.81	0.79	0.69	0.83	0.84	0.82
HS03	0.04	0.03	0.02	0.05	0.02	0.02	0.03
HS04	1.45	1.42	1.25	1.23	1.40	1.22	1.21
HS05	2.84	2.08	1.66	2.66	1.73	1.91	1.83
HS06	4.15	3.82	4.32	5.22	4.57	4.71	5.17
HS07	3.06	3.11	3.04	2.78	3.09	3.26	3.58
HS08	2.09	1.74	1.53	1.28	1.40	1.64	1.72
HS09	1.01	1.05	0.96	0.84	0.81	0.74	0.71
HS10	0.77	0.78	0.79	0.71	0.94	0.83	0.93
HS11	15.97	16.09	15.52	13.19	14.97	13.69	14.31
HS12	3.31	2.99	2.77	2.68	3.23	3.15	3.14
HS13	1.70	1.68	1.56	1.53	1.73	1.74	1.79
HS14	0.67	0.67	0.55	0.60	0.60	0.54	1.20
HS15	7.37	8.95	10.38	11.65	5.82	7.35	7.57
HS16	39.98	40.28	40.45	40.33	43.98	42.45	40.70

续表3-2

分类	2005.7	2006.7	2007.7	2008.7	2009.7	2010.7	2011.7
HS17	4.00	4.21	4.55	5.23	4.43	6.07	5.94
HS18	3.75	3.47	3.17	3.12	3.64	3.45	3.29
HS19	0.00	0.00	0.01	0.00	0.01	0.01	0.01
HS20	5.72	5.66	5.79	5.49	5.89	5.59	5.20
HS21	0.01	0.01	0.01	0.01	0.00	0.01	0.01
HS22	0.17	0.34	0.21	0.12	0.11	0.07	0.11
	100	100	100	100	100	100	100

资料来源：据中经网统计数据库整理计算。

3.3 2005年汇率制度改革以来我国各行业出口变动情况

中国出口商品结构优化程度逐步提高，从1978年改革开放到20世纪80年代末我国已经实现从出口初级产品为主向工业制成品为主的转变，直至20世纪90年代末在以工业制成品出口为主的情况下，实现了以轻工业纺织品出口为主向机电产品出口为主的转变。从20世纪末期直至目前，我国出口的技术附加值较高的高新技术产品所占比重持续呈上升趋势。本书将基于HS分类下商品出口额的相关数据，比较我国出口商品结构在人民币汇率制度改革后发生的变化。

表3-2显示了我国2005年7月至2011年7月按HS分类的出口商品结构的变化。可以看出，HS01-HS05类产品包括动植物产品、油脂、食品、矿产品，在我国出口商品结构中占比不超过5%，属于最小的一类商品。而HS06-HS14类产品包括化工产品、塑料橡胶及其制品、皮革制品、木及制品、纸板及制品、纺织原料及纺织制品、鞋帽制品等我国传统的劳动密集型产品，其占比仅仅达到30%以上。HS15-HS18类产品主要包括机电产品等资本技术含量较高的产品，所占比重高达50%以上。进一步考察高新技术产品出口所占比重，用一国高新技术产品出口额占制

成品出口额之比来表示，可以反映我国出口商品结构的优化情况（表3-3）。我国在2005年到2010年间该指标一直在30%上下浮动，远低于新加坡50%左右的比重，但与美国该指标水平接近，超过了日本、英国和法国以及世界平均水平。

表3-3　高新技术产品出口额占制成品出口额比重的国际比较（单位：%）

国家和地区	2005	2006	2007	2008	2009	2010
中国	31	31	27	28	28	28
印度	6	6	6	7	9	7
新加坡	57	58	45	49	48	50
日本	23	22	18	17	19	18
法国	22	21	18	20	23	25
美国	30	30	27	26	21	20
英国	28	34	19	19	22	21

资料来源：世界银行数据库http://www.data.worldbank.org.cn。

总的来看，我国出口商品结构在近5年之内未发生较大变化。其中HS16类产品，即机电、音像设备及其零件、附件一直是我国出口商品中占比最大的一类商品，近5年所占出口比重一直在40%左右上下浮动，曾在2009年7月一度达到43.98%。占比居第二位的是我国传统的劳动密集型产品即HS11类产品，如纺织原料及纺织制品，近5年所占出口比重一直在15%左右上下浮动，近2~3年来呈小幅下降趋势，其间2008年7月曾一度下降至13.19%。另外，如HS06化学工业制品、HS15贱金属及其制品、HS17车辆及船舶运输设备所占出口比重呈上升趋势，而HS01到HS05即动植物产品、油脂、食品、矿产品，所占出口比重继续呈现下降趋势。

从我国出口商品结构和产业结构实际情况考虑，本书只针对我国出口的制造业类产品即HS06至HS22类产品进行具体分析。另外由于HS10、HS14、HS19、HS21、HS22在所有类别中所占比重最低，我们在后面的相关分析中也不考虑这5类商品。所以，本书研究范围包括HS分类下我国主要出口的12类制造业产品（表3-4）。

表3-4 2005年7月—2011年7月我国12类主要出口商品增长速度

	出口额（亿元）		增长幅度	增长速度
	2005.07	2011.07	2011.07/2005.07	
总值	5402.11	11310.47	2.09	
HS17	216.30	671.81	3.10	
HS06	224.27	584.58	2.61	
HS07	165.58	404.99	2.44	超过均值
HS13	91.91	202.60	2.20	
HS15	397.98	857.05	2.15	
HS16	2160	4600	2.13	
HS12	178.63	355.80	1.99	
HS20	309.00	588.60	1.90	
HS11	862.83	1620	1.87	低于均值
HS18	202.63	371.57	1.83	
HS08	112.79	194.05	1.72	
HS09	54.78	80.92	1.47	

资料来源：据中经网统计数据库相关各期整理计算。

从表3-4我们可以得到我国12类主要出口商品增长速度，由于一般数据库中只显示以美元表示的出口额，所以书中将数据折算成当前人民币标价的出口额，进一步用2011年7月与2005年7月出口额之比得到出口商品增长速度，并对12类出口商品增长速度进行比较。

从2005年7月到2011年7月的6年间我国出口商品整体增长幅度为2.09。在增速超过均值的行业有HS17、HS06、HS07、HS13、HS15、HS16这6类商品，主要为资本密集型商品。涨幅最大的商品是HS17即车辆、航空器、船舶及运输设备，6年增长了3.10倍。

3.4 出口商品价格变动趋势

从上文来看，中国出口仍在强劲增长并高于全球贸易平均增长率。2011年，中国出口额较上年增长9.3%，是全球平均水平的两倍。中国贸易水平快速增长的趋势已经持续超过10年时间。尽管2012年出口增速放缓，但出口增长的趋势仍然将持续下去。

美国劳工统计局（BLS）发布了一个容易获得的指数来追踪进入美国的中国商品价格。与其他指标模型不同，BLS指数将商品质量考虑在内，这使得该指数在追踪进口价格变化时相当有效。如图3-2所示，基期2005.6=100，上面一条呈明显上升趋势的曲线表示人民币兑美元名义汇率，下面一条缓慢上升的曲线表示出口至美国的中国商品价格。在过去7年间，排除货币升值30%的因素，中国商品价格仅上升了5%。而在同期，美国从墨西哥等新兴经济体进口商品的价格增长幅度更大。因此，中国的出口商品在人民币升值期间并没有明显涨价，特别是相对竞争对手而言。

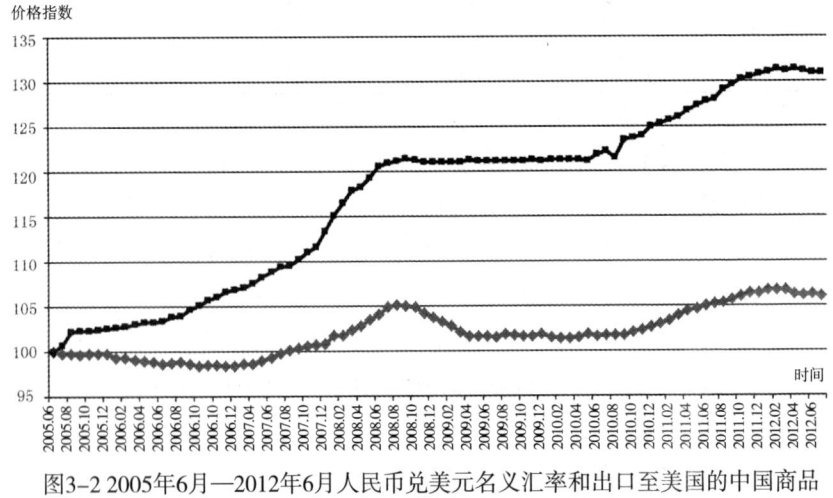

图3-2 2005年6月—2012年6月人民币兑美元名义汇率和出口至美国的中国商品价格

资料来源：彼得森国际经济研究所2012年8月17日。

4 人民币升值影响下我国出口企业汇率传递弹性实证研究

4.1 理论分析框架

4.1.1 模型假设前提

Feenstra（1997）、Marston（1990）、Betts 和 Devereux（2000）、Knetter（1994）、Campa 和 Goldberg（2002）等多数文献均是从需求面角度出发，垄断厂商可以在国内和国外进行价格歧视，根据国内外市场的需求分别制定两个市场价格的前提下单一垄断厂商出口利润最大化定价行为方式模型。

以进口国货币表示出口商利润函数为：

$$R = ePQ(P,U) - C(Q,W)$$

一般来讲，P 为出口产品在进口地的价格，Q 为产品的出口数量，U 为除价格外影响出口数量的其他因素，W 为除出口数量外影响生产成本的其他因素。

利润函数最大化的必要条件为边际收益（MR）等于边际成本（MC），即

$$eQ + eP\frac{\partial Q}{\partial P} - \frac{\partial C}{\partial Q} \times \frac{\partial Q}{\partial P} = 0$$

定义出口市场上需求价格弹性为：

$$\varepsilon = -\frac{\partial Q}{\partial P}\frac{P}{Q}$$

由边际收益（MR）等于边际成本（MC），求出利润最大化条件下的出口市场上的价格：

$$P = \frac{\varepsilon}{(\varepsilon-1)e} \times \frac{\partial C}{\partial Q}$$

由上式可以看出价格不完全传递部分主要由以下原因导致：一是需求价格弹性变动引起的加成份额变动；二是边际成本的变动。这里只考虑影响加成系数，即 $\gamma = \frac{\varepsilon}{\varepsilon-1}$ 的变动因素，主要有汇率、同类产品竞争压力、国外市场的需求、出口商品在国外市场的集中度等因素。

上文理论框架是基于单个厂商利润最大化原则分析厂商的定价决策行为，由于行业是由多个厂商构成，在下面的研究中将基于厂商的定价行为分析探讨汇率对行业价格的影响。在基于垄断竞争市场分析单一出口厂商定价行为时，认为厂商具有一定程度的垄断优势，能针对不同的市场进行歧视定价。而如果以行业价格为研究对象的话，每个行业价格是单一的，行业中的任何一个单独厂商都没有足够的影响行业定价的能力。所以在本节的模型中，将假设单个厂商的产量（出口量）是决定行业价格的关键变量。

创新因素是生产厂商保持一定竞争优势、实现可持续发展的基本要素。在当前世界经济一体化的背景下，各国汇率的频繁波动等各种不确定因素使进行国际经营的生产厂商面临着较大的经营风险。如果企业能获得一定的创新投入，拥有一定的创新能力，则厂商将不会因各种外部风险使企业陷入生存危机。厂商在不断地创新过程中将获得可持续发展及长期的竞争优势。在本节的模型中将假定产量是技术创新投入函数中的关键变量，技术创新通过影响厂商的产出水平进而影响产品的生产成本。

假设一个国家（H）在 t 期某个行业的产品供给（X_t）由H国生产的

产量（Q_t）及从外国（F）进口的数量（Q_t^*）构成。其中进口的数量 Q_t^* 由外国的 n 个不同的出口商提供，国外单一出口厂商 j 的出口产量为 Q_{jt}^*。即 $X_t = Q_t + Q_t^*$，$Q_t^* = \sum_{j=1}^{n} Q_{jt}^*$，$P_t = P_t(X_t)$ 为该行业的价格，E_t 为名义汇率（用直接标价法表示），$C_{jt} = C_{jt}(Q_{jt}^*)$ 为出口厂商 j 的生产成本。

需要改善和补充的是，出口厂商（j）在 t 期将部分投入生产的资源用于企业技术创新，为减少模型使用变量，这里的创新投入用产品产量与一定比例系数来表示，即 $V_{jt} = \beta_{jt} Q_{jt}^*$，$V_{jt}$ 为出口厂商（j）在 t 期的技术创新投入，β_{jt} 为出口厂商（j）在 t 期的技术创新投入比例，Q_{jt}^* 为国外（F）某一出口厂商（j）的出口产量。由上文假设，技术创新通过影响产量进而影响生产成本，即 $C_{jt} = C_{jt}(\beta_{jt} Q_{jt}^*)$，$C_{jt}$ 为出口厂商（j）在 t 期的产品单位成本，由出口厂商（j）出口产量（Q_{jt}^*）决定。

4.1.2 模型构建

出口厂商（j）在 t 期需要考虑的利润〔用进口国（H）货币表示〕最大化问题是：

$$\max \Pi_{j,t} = E_t P_t(X_t)(1-\beta_{jt}) Q_{jt}^* - C_{jt}(\beta_{jt} Q_{jt}^*) Q_{jt}^* \quad (4-1)$$

这里的 E_t 是指用出口国货币来表示进口国货币的汇率，即对出口国而言，汇率用直接标价法表示。

如果存在 Q_{jt}^* 和 β_{jt}，满足上式，则有：

$$\frac{\partial \Pi_{j,t}}{\partial Q_{jt}^*} = 0 \quad (4-2)$$

$$\frac{\partial \Pi_{j,t}}{\partial \beta_{jt}} = 0 \quad (4-3)$$

对式（4-2）进行推导可得：

$$E_t(1-\beta_{jt}) Q_{jt}^* \frac{\partial P_t(X_t)}{\partial X_t} + E_t P_t(X_t)(1-\beta_{jt}) - \frac{\partial C_{jt}}{\partial \beta_{jt} Q_{jt}^*} \beta_{jt} Q_{jt}^* - C_{jt}(\beta_{jt} Q_{jt}^*) = 0$$

所以有：

$$Q_{jt}^* = \frac{C_{jt}(\frac{\partial C_{jt}}{\partial \beta_{jt} Q_{jt}^*}\frac{\beta_{jt} Q_{jt}^*}{C_{jt}}+1) - E_t P_t(1-\beta_{jt})}{E_t \frac{\partial P_t}{\partial X_t}(1-\beta_{jt})}$$

$$= \eta X_t - \frac{\eta X_t}{E_t P_t(1-\beta_{jt})}C_{jt}(1-\eta^{V,C})$$

$$= \eta X_t [1 - \frac{(1-\eta^{V,C})C_{jt}}{E_t P_t(1-\beta_{jt})}] \quad (4-4)$$

其中，$\eta = -\frac{\partial X_t}{\partial P_t}\frac{P_t}{X_t}$ 为行业的需求价格弹性；$\eta^{V,C} = -\frac{\partial C_{jt}}{\partial \beta_{jt} Q_{jt}^*}\frac{\beta_{jt} Q_{jt}^*}{C_{jt}}$ 为厂商（j）平均成本的创新投入弹性，即平均成本对技术创新投入的敏感度。

对式（4-3）进行推导：

$$\frac{\partial \Pi_{j,t}}{\partial \beta_{jt}} = -E_t P_t Q_{jt}^* - \frac{\partial C_{jt}}{\partial \beta_{jt} Q_{jt}^*}Q_{jt}^{*2} = 0$$

可得：

$$\beta_{jt} = \frac{C_{jt}\eta^{V,C}}{E_t P_t} \quad (4-5)$$

为了得到行业的总体价格，需要将 n 个出口厂商的利润最大化产量相加，也就是将式（4-4）相加可得：

$$P_t = \frac{C_t(1-\eta^{V,C})}{E_t(1-\beta_t)(1-\frac{S_t^*}{n\eta})} \quad (4-6)$$

其中，C_t 为 t 期所有厂商的平均单位成本，β_t 为 t 期所有厂商的平均技术创新投入比例，$S_t^* = \frac{Q_t^*}{X_t}$ 为 t 期H国进口产品在该国所占的市场份额。然后，将式（4-5）代入式（4-6）可得：

$$P_t = \frac{C_t(1-\frac{\eta^{V,C}S_t^*}{n\eta})}{E_t(1-\frac{S_t^*}{n\eta})} = \frac{C_t(n\eta - \eta^{V,C}S_t^*)}{E_t(n\eta - S_t^*)} \quad (4-7)$$

$$\beta_t = \eta^{V,C} \frac{n\eta - S_t^*}{n\eta - \eta^{V,C} S_t^*} \quad (4-8)$$

式（4-7）和式（4-8）表明了 t 期行业价格和行业平均技术创新投入的决定因素。接着，为了求得行业价格的汇率传递弹性，将式（4-7）用对数的形式表示：

由式（4-7）可得：

$$\ln P_t = \ln C_t - \ln E_t + \ln(n\eta - \eta^{V,C} S_t^*) - \ln(n\eta - S_t^*) \quad (4-9)$$

对式（4-9）两边求全微分可得：

$$\text{EPT}_t = \frac{\mathrm{d}\ln P_t}{\mathrm{d}E_t} = \frac{\eta^{E,S} S_t^*}{n\eta - S_t^*} - 1 - \frac{\eta^{E,S} S_t^*}{n\eta - \eta^{V,C} S_t^*} \eta^{V,C} \quad (4-10)$$

EPT_t 表示行业价格的汇率传递弹性，即 $\frac{\mathrm{d}\ln P_t}{\mathrm{d}E_t}$。$\eta^{E,S}$ 表示H国进口产品行业市场份额的汇率弹性或进口产品行业市场份额对汇率变动的敏感度。

4.1.3 模型解析

（1）关于出口价格的决定因素，由上述模型中的式（4-9），我们得到行业的需求价格弹性（η）、进口产品在进口国占据的市场份额（S_t^*）、厂商的平均单位成本（C_t）、名义汇率（E_t）、单位成本对其技术创新投入的弹性（$\eta^{V,C}$）、出口厂商的数量（n）是决定行业价格的主要因素。其中可以明显看出，在其他变量保持不变的情况下，厂商的平均单位成本（C_t）与出口价格呈正相关关系，单位成本的技术创新投入弹性（$\eta^{V,C}$）与出口价格呈负相关关系。具体来看，如果在 t 期，厂商单位成本技术创新投入弹性较大，即较少的创新投入可以导致单位成本较大幅度降低，而单位生产成本与出口价格是正相关关系，所以出口价格将随单位成本变化呈下降趋势。出口厂商在 t 期将增加创新投入，由 $V_{jt} = \beta_{jt} Q_{jt}^*$ 可知，t 期厂商的出口供给量 Q_{jt}^* 就会减少。

（2）由 $V_{jt} = \beta_{jt} Q_{jt}^*$ 以及 $C_{jt} = C_{jt}(\beta_{jt}, Q_{jt}^*)$ 可知，技术创新投入会降低 t 期的单位成本，同时因为技术创新投入源于厂商的产出，所以技术创

新也会降低 t 期的产量。在无法对成本及产量两个目标都实现最优选择时，必须慎重对待技术创新投入比例。由上述模型中的式（4-8），$\beta_t = \eta^{V,C} \dfrac{n\eta - S_t^*}{n\eta - \eta^{V,C} S_t^*}$ 可知，影响出口厂商在 t 期的技术创新投入比例最关键的因素是单位成本的技术创新投入弹性（$\eta^{V,C}$），如果 $\eta^{V,C}=1$，单位成本对技术创新投入弹性极大，$\beta_{jt}=1$，即厂商会使技术创新投入最大化；反之，如果 $\eta^{V,C}=0$，则 $\beta_{jt}=0$，厂商在该时期完全不会进行创新投入。

（3）在关于出口价格及厂商的技术创新投入的诸多影响因素中，行业的需求价格弹性也是个主要方面。需求价格弹性指标反映了该行业企业间的竞争程度，行业的需求价格弹性越大，说明该行业市场上厂商之间的竞争程度更大。所以对于需求价格弹性较大行业的厂商而言，一般对于价格的变动尤其是价格的上升变化会非常慎重，往往会更注重进行技术创新而取得成本上的优势，从而获得更大的利润空间。如果成本上不能获得明显优势，则该行业厂商利润上升空间则较小。反之，如果该行业需求价格弹性较小，说明该行业厂商间竞争程度较小，厂商可以直接增加成本加成提高利润，则进行技术创新投入的意愿不会强烈。

（4）在出口价格的影响因素及技术创新投入决策中，国外该行业出口量占进口国市场份额的大小也是不容忽视的一个变量。假设H国的市场容量是一定的，如果F国该行业出口厂商出口量占据H国市场份额越大，则说明F国出口厂商的垄断势力越强，F国出口厂商的定价对市场上整个行业价格的影响力越强，这种情况下，出口厂商通过技术创新降低成本的意愿也会降低。

（5）从式（4-10）可知，F国出口产品在H国的市场份额（S_t^*）及市场份额的汇率弹性，行业的需求价格弹性（η）、厂商生产成本的创新投入弹性（$\eta^{V,C}$）是影响EPT的主要因素。如果将式（4-10）转化成

$$\mathrm{EPT}_t = \frac{\mathrm{d}\ln P_t}{\mathrm{d}E_t} = \frac{\eta^{E,S} S_t^*}{n\eta - S_t^*} - 1 - \frac{\eta^{E,S} S_t^*}{\dfrac{n\eta}{\eta^{V,C}} - S_t^*},$$

我们可以更明显地发现在其他因素不变的情况下，厂商的单位生产成本的创新投入弹性（$\eta^{V,C}$）与汇率的价

格传递弹性的相互关系具体来看，有：

当 $\eta^{V,C} = 0$ 时，$EPT_t = \dfrac{\mathrm{d}\ln P_t}{\mathrm{d}E_t} = \dfrac{\eta^{E,S} S_t^*}{n\eta - S_t^*} - 1$；

当 $0 < \eta^{V,C} < 1$ 时，$EPT_t = \dfrac{\mathrm{d}\ln P_t}{\mathrm{d}E_t} = \dfrac{\eta^{E,S} S_t^*}{n\eta - S_t^*} - 1 - \dfrac{\eta^{E,S} S_t^*}{\dfrac{n\eta}{\eta^{V,C}} - S_t^*} < -1$；

当 $\eta^{V,C} = 1$ 时，$EPT_t = -1$；

当 $\eta^{V,C} > 1$ 时，$EPT_t = \dfrac{\mathrm{d}\ln P_t}{\mathrm{d}E_t} = \dfrac{\eta^{E,S} S_t^*}{n\eta - S_t^*} - 1 - \dfrac{\eta^{E,S} S_t^*}{\dfrac{n\eta}{\eta^{V,C}} - S_t^*} > -1$。

当H国某行业的进口产品成本的创新投入弹性（$\eta^{V,C}$）越大，也就是F国创新投入对成本下降的影响程度越大，则该行业汇率对价格的传递弹性（|EPT|）就越小。因为如果F国的创新投入能导致F国出口厂商成本降低幅度较大，则当在 t 期，F国货币升值（E_t下降）时，F国出口厂商将通过增加技术创新投入来降低成本，导致出口产品价格在H国上升幅度较小。同时，F国出口厂商也可以获得一定的利润空间。

4.2 我国不同出口行业汇率传递实证研究

4.2.1 变量选择及数据来源

4.2.1.1 变量选择

在实证分析方法上，面板数据模型的变量取值有时间序列和横截面的两重性。而以往大多数学者采用的单方程OLS回归方法及时间序列VAR模型只能单独分析截面数据或时间序列数据，而不能同时分析和对比它们。面板数据模型的特点在于既考虑到了横截面数据存在的共性，又能分析模型中横截面因素的个体特殊效应，得到的结果更加稳定、有效，在一定程度上也可以减少多重共线性的产生。本书所采用的细分数据包含行业、指标和时间三维信息，目的是分析不同行业指标如何随着时间变化而变化，适合采用面板数据分析方法。

由于笔者研究的是我国出口商品汇率传递弹性,所以F国指我国,而H国泛指世界范围内我国出口对象国。基于上文理论分析框架,笔者选取的变量有出口价格指数(P_{it})、名义有效汇率(e_t)、出口商生产成本(MC_t)、出口企业创新能力(V_t)、出口产品市场份额(S_t^*)。首先对变量做对数处理,消除异方差性,根据ADF检验可知,模型中所有变量都是非平稳的$I(1)$序列,面板数据基准模型为:

$$\Delta\ln p_{it} = a_i + a_{1i}\Delta\ln e_t + a_{2i}\Delta\ln MC_t + a_{3i}\Delta\ln S_t^* + a_{4i}\Delta\ln V_{it} + \mu_{it} \quad (4-11)$$

其中,$\ln p_{it}$为模型中被解释变量;$\ln e_t$为解释变量;$\ln MC_t$、$\ln S_t^*$、$\ln V_{it}$分别作为控制变量。a_i是截距项,a_{1i}是汇率对外币出口价格的影响程度,即汇率传递弹性。a_{2i}、a_{3i}、a_{4i}分别是国内生产成本、出口产品所占国外市场份额、出口企业创新能力对出口商品价格的影响程度,μ_{it}为随机扰动项。

4.2.1.2 数据来源

根据我国工业部门分类方法以及贸易商品HS分类方法,笔者选取我国出口产品中出口增长较为明显、出口额较大的12类工业产品作为研究对象,分别为HS11(纺织原料及纺织制品)、HS12(鞋帽制造业)、HS08(革、毛皮及制品)、HS20(家具、玩具制造业)、HS09(木材及制品业)、HS07(塑料及橡胶制品)、HS13(矿物材料及陶瓷玻璃制品)、HS15(贱金属及其制品)、HS06(化学工业产品)、HS16(机电、音像设备及其零件、附件)、HS17(车辆、航空器、船舶及运输设备)、HS18(光学、医疗等仪器)。本书所选用数据为月度数据,样本期为2005年7月到2012年12月。

(1)出口价格指数(P_{it})。由于我国没有公布进出口价格指数,我们首先构造我国出口商品的总体及分类的价格指数值。参考大多数文献,我们利用"单位值指数方法"构造各类出口商品的外币出口价格指数(在下文中出现的出口价格均指美元出口价格):

$$P_{it} = \frac{\sum_j \dfrac{V_{ijt}}{q_{ijt}}}{\sum_j \dfrac{V_{ij0}}{q_{ij0}}}$$

其中,P_{it}是第i类商品第t期美元价格指数,V_{ijt}和V_{ij0}是该种类内第j种商

品 t 期和基期的美元出口金额，q_{ijt} 和 q_{ij0} 分别为 t 期和基期第 j 种商品出口数量。以下是几种代表性出口价格走势图，如图4-1所示（即HS06化学工业产品，HS11纺织原料及纺织制品，HS15贱金属及其制品，HS16机电、音像设备及其零件、附件）。

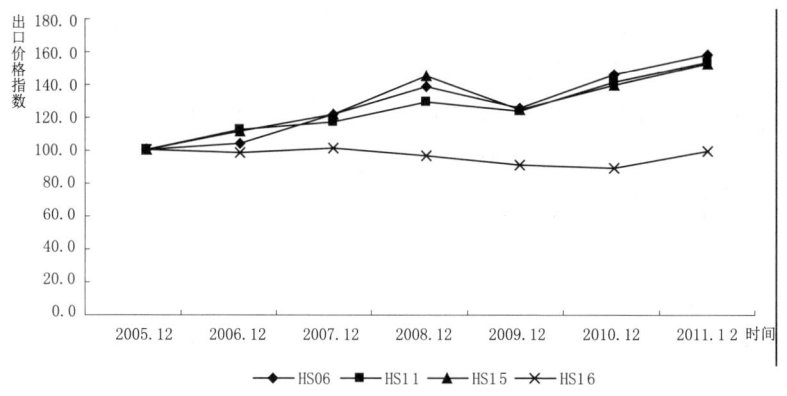

图4-1 几种代表性商品的出口价格指数走势图

（2）汇率（e_t）。汇率传递弹性主要研究名义汇率变化对出口价格的影响，这里使用人民币名义有效汇率。美国、欧盟、日本和韩国是我国2005年以来最主要的出口对象国，所以人民币名义有效汇率通过选取我国与上述4个国家和地区在各类中的贸易额作为权重来计算，以2005年7月为基期计算定基指数，采用间接标价法。相关数据来源于各期《中国海关统计月报》以及IMF的《国际金融统计年鉴》，如图4-2所示。

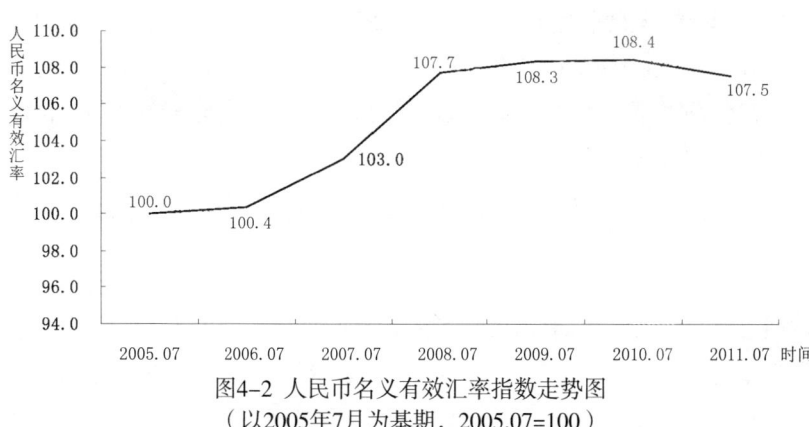

图4-2 人民币名义有效汇率指数走势图
（以2005年7月为基期，2005.07=100）

（3）国内出口企业的生产成本（MC_t）。我们借鉴已有的研究文献，用国内的各类商品所属行业出厂价格指数（PPI）来衡量。数据来源于《中经网数据库》。

（4）我国出口产品市场份额指标（S_t^*）。该指标用我国不同行业出口额占世界范围内该行业总出口额比重来衡量。数据来源于各期《中国海关统计月报》及《中经网数据库》。

（5）出口企业创新能力指标（V_t）的选择一直是相关研究的难点。从相关文献中看，创新能力的指标通常用创新投入和创新产出进行衡量，一般用研发投入/销售额（主营业务收入）作为衡量创新投入的代理变量，将新产品产值/工业总产值作为衡量创新产出的代理变量。由于新产品产值数据不全，所以用研发投入/销售额（主营业务收入）作为创新能力的代理变量。数据来源于《宏观与行业经济数据库》《中经网数据库》。

4.2.1.3 计量方法与参数估计结果

（1）平稳性检验。面板数据单位根的检验主要有Levin、Lin 和Chu 方法(LLC 检验)(1992，1993，2002)，Im、Pesaran 和Shin 方法（IPS 检验）(1995，1997)、Maddala 和Wu 方法(MW检验)(1999) 等。检验结果显示模型中所使用的变量都是非平稳的 I(1)过程。表4–1显示了若干主要行业指标的平稳性检验。

（2）比较不同模型的适应性。由Hausman检验可知，应选取固定效应模型判断样本数据究竟属于混合回归模型还是固定效应变截距模型或变系数模型，主要由F检验来完成。

在假设H2下（系数相同，截距相同），检验统计量F_2服从相应自由度下的F分布，即

$$F_2 = \frac{(S_3 - S_1)/[(N-1)(k+1)]}{S_1/[NT - N(k+1)]} \sim F[(N-1)(k+1), N(T-k-1)]$$

其中，N表示个体截面成员的个数（$N=12$），T表示每个截面成员的观测时期总数（$T=78$），k表示解释变量的个数（$k=4$）。S_1为固定效应变系数模型的残差平方和，S_2为固定效应变截距模型的残差平方和，S_3为混

合效应模型的残差平方和。

表4-1 部分出口行业指标变量的平稳性检验

变量	出口行业	水平值	一阶差分值
出口价格	化学工业及其相关工业产品	-1.269310	-7.438290
	纺织原料及纺织制品	1.272873	-3.480463
	贱金属及其制品	-1.528291	-3.002749
	机电、音像设备及其零件和附件	-1.576579	-5.423883
国内成本	化学工业及其相关工业产品	0.061264	-3.023740
	纺织原料及纺织制品	1.076606	-4.553791
	贱金属及其制品	-0.927903	-3.241749
	机电、音像设备及其零件和附件	-1.833162	-5.070091
创新能力	化学工业及其相关工业产品	1.319827	-4.110472
	纺织原料及纺织制品	-0.927435	-4.226593
	贱金属及其制品	-1.772461	-3.220796
	机电、音像设备及其零件和附件	-0.982142	-2.487920
市场份额	化学工业及其相关工业产品	-1.482379	-3.932780
	纺织原料及纺织制品	-1.068457	-3.528354
	贱金属及其制品	-0.924790	-4.638509
	机电、音像设备及其零件和附件	-0.916477	-3.594276
汇率		-0.874175	-2.759838

如果得到的 F_2 统计量大于给定置信度下的相应临界值，则拒绝原假设H2，继续检验原假设H1；反之，则表明应建立混合效应估计模型。

在假设H1下（系数相同，截距不同），检验统计量 F_1 服从自由度下的 F 分布，即

$$F_1 = \frac{(S_2 - S_1)/[(N-1)k]}{S_1/[NT - N(k+1)]} \sim F[(N-1)k, N(T-k-1)]$$

如果得到的 F_1 统计量大于给定置信度下的相应临界值，则拒绝原假设H1，表明建立固定效应的变系数模型是合理的；反之，则表明应建立

固定效应的变截距模型。

针对模型 $\Delta \ln p_{it} = a_i + a_{1i}\Delta \ln e_t + a_{2i}\Delta \ln MC_t + a_{3i}\Delta \ln S_t^* + a_{4i}\Delta \ln V_{it} + \mu_{it}$，可知 S_1=4.2495，S_2=5.7955，S_3=9.9466；F_2=21.58>F0.05(55,732)=1.3513。同样计算 F_1=7.32> F0.05(44,732)=1.3918。由上述结果，本书采用固定效应变系数模型是可行的。

（3）参数估计结果。依据模型：

$$\Delta \ln p_{it} = a_i + a_{1i}\Delta \ln e_t + a_{2i}\Delta \ln MC_t + a_{3i}\Delta \ln S_t^* + a_{4i}\Delta \ln V_{it} + \mu_{it}$$

12类商品的汇率对其出口价格传递效应参数估计结果如表4-2所示。

12类商品中有10类的 a_1 值在95%的置信水平上显著，占比83.33%。这说明本书所研究的12类商品出口价格的波动绝大部分受到汇率波动的影响，厂商在出口商品定价时确实考虑到汇率变化的因素。

表4-2显示本书所研究的12类商品在2005年7月到2010年12月的时间段内汇率传递弹性（EPT）即 a_1 值行业之间的差别显著。其中：纺织原料及纺织制品、鞋帽制品、皮革及制品、杂项制品（家具、玩具等）类产品的| a_1|值最小，平均汇率传递弹性即EPT为-0.1967。矿物材料及陶瓷玻璃制品、化学工业产品、机电产品、机械产品及运输设备、光学及医疗仪器类产品 a_1 值相对较大，平均汇率传递弹性即EPT为-0.7341。塑料及橡胶制品、木材及制品、贱金属及其制品值介于中间水平，平均汇率传递弹性即EPT为-0.4679。总的来看，汇率对传统的劳动密集型产品的出口价格传递弹性较小，汇率对我国主要资本技术含量较高的制造业类产品出口价格传递弹性较大，汇率对原材料、能源等资源密集型产品出口价格传递弹性处于中间水平。

12类商品中所有商品出口价格与边际成本在90%的置信水平上是显著的，且影响系数普遍偏大，即同行业商品人民币出厂价格上升，出口商品的美元价格也明显趋于上升，说明国内边际成本的上升被不同程度地传递到国外市场。塑料及橡胶制品、鞋帽制品、机电产品、家具玩具等杂项制品边际成本对出口产品价格的影响系数最大且较为显著，a_2 值在1.0428上下浮动。

表4-2 12类商品的汇率对出口价格传递模型主要参数估计结果

产品分类	汇率对出口价格的影响(a_1)	边际成本对出口价格的影响(a_2)	市场份额对出口价格的影响(a_3)	创新能力对出口价格的影响(a_4)
HS06化学工业产品	-0.7852** (0.3254)	0.6875** (0.1168)	0.3267* (0.1051)	0.4328* (0.2463)
HS07塑料及橡胶制品	-0.3846** (0.2290)	1.2723** (0.1289)	-0.4997** (0.0287)	-0.2967* (0.0927)
HS08皮革、毛皮及制品	-0.1290** (0.1087)	0.7723* (0.2239)	-0.5432** (0.0756)	-0.4307** (0.1149)
HS09木材及制品	-0.4865** (0.1943)	0.5342* (0.0975)	0.3629* (0.2574)	-0.1739 (0.3793)
HS11纺织原料及纺织制品	-0.2123** (0.1545)	1.0232* (0.1634)	-0.1879* (0.2421)	-0.2937* (0.1164)
HS12鞋帽制品	-0.1564** (0.3271)	1.0232* (0.1634)	-0.1879* (0.2421)	-0.2937* (0.1164)
HS13矿物材料制品、陶瓷玻璃制品	-0.6342** (0.3156)	0.5389** (0.2315)	0.1760* (0.1325)	-0.1163 (0.4327)
HS15贱金属及其制品	-0.5328* (0.2241)	0.6374* (0.0923)	0.2176* (0.1215)	0.2785* (0.3279)
HS16机电、音像设备及其零件、附件	-0.7687** (0.2413)	0.9883** (0.2479)	0.3190* (0.1425)	0.4195** (0.0938)
HS17车辆、航空器、船舶及运输设备	-0.6590** (0.1467)	0.5537* (0.1279)	0.1278* (0.1680)	0.2406* (0.1186)
HS18光学、医疗等仪器、钟表、乐器	-0.8237* (0.3215)	0.4297* (0.0158)	0.1076* (0.0856)	0.3285 (0.0972)
HS20杂项制品(家具、玩具等)	-0.2891** (0.2178)	0.8874** (0.1341)	0.2237* (0.0726)	-0.2549* (0.0836)

说明：**和*分别表示在5%和10%的置信水平上显著。各参数估计值下方数字为标准差。

12类商品中皮革制品、纺织原料及纺织制品、塑料及橡胶制品、机电产品、木材及制品、家具玩具等杂项制品出口价格受该类产品在国外市场上所占市场份额影响较大且较为显著，皮革制品、纺织原料及纺织制品、塑料及橡胶制品值为负数，说明这几类商品在国外市场上需求价格弹性较大，为了保持或扩大原有国际市场份额，只能依靠低价格优势。机电产品、化学工业产品、木材及制品值为正数，说明这几类产品能在不断扩大国际市场份额的同时获得一定的市场势力，取得一定的定价权。

12类商品中出口价格受创新能力影响较大且显著的有化学工业产品、皮革毛皮及制品、纺织原料及纺织制品、机电产品、光学仪器产品，其中皮革毛皮制品、纺织原料及纺织制品a_4值为负数，说明在这几类行业中技术创新较大程度地影响了产品的生产成本，当生产成本下降，产品的出口价格也随之下降。化学工业产品、机电产品、光学仪器产品的a_4值为正数，说明这几类产品的技术创新一方面降低了生产成本，另一方面更大程度地提高了产品在国际市场上的竞争优势，取得了一定的定价优势。

从上文实证分析的结果来看，人民币汇率变动对不同行业传递弹性存在差异的原因可能在于：第一，不同产业的产品在国际市场上竞争格局不同。产品在国际市场上的竞争格局可以通过同类型产品的相互替代弹性反映，出口产品与出口市场上同类型产品间替代弹性越大，国际市场上的竞争压力越大，出口企业依市定价程度也就越小。就纺织产业来说，国内纺织、服装企业小而分散，产业链延伸空间有限，上下游行业支撑体系不完善，从而导致我国的纺织行业主要依靠廉价劳动力获取竞争优势。在国际市场上，许多亚洲新兴国家生产该类产品也是以低成本为主要特点。我国此类商品在国际市场上的替代性很强，同时国内该产业集中度很低，由此导致产业内商品的出口竞争压力很大。我国出口企业利润空间有限，也就是出口企业的定价权很弱。同时近年来国内外市场结构调整及需求不足，这些中小企业继续扩大市场份额有很大难度，因此在面临如金融危机、汇率波动等不利因素影响时，此类产业的出口企业只有通过不断地压缩利润空间才能稳定国际市场出口价格，保持国际市场份额。第二，不同行业的加工特征也是汇率对不同行业传递弹性存在差异性的重要原因。人民币升值将通过降低进口投入品价格、降低出口产品生产成本,增加企业的利润空间。我国目前有机电产品、机械产品、光学医疗仪器行业出口厂商在国际市场上具有一定的竞争力和定价能力,依市定价能力相对较强。这些出口厂商并不需要缩减利润空间,而是更多地将人民币汇率升值成本转嫁到进口国。同时利用人民币升值对进口投入品价格的影响,减少企业的生产成本。这二者相结合,进一步扩大了企业的利润空间,增大了出口厂商依市定价的能力。第三,我国的目前出口行业多是在加工贸易的基础上以"出口型"为主,缺乏自主创新的条件,不利于提高企业定价权。在我国沿海经济发达地区如珠江三角洲、长江三角洲一带,都拥有大量成熟的产业集群,如纺织服装、玩具、电器机械等。由于传统的资源加工型、劳动密集型产业的进入门槛较低,导致这些类型产品的竞争日趋激烈,生产企业间主要以低成本竞争为主,产品质量始终处于低端状态。集群之间不可避免地频发"价格战"。由于产业链较短,缺乏大专院校、科研院所的技术支持,缺乏营销、设计相关行业的配套,我国的中小企业集群大多尚未形成集群应有的创新机制,企业缺乏自主创新的条件。高科技人才、投融资机制、环境基础都较差。即使是我国经济比较发达的广东、上海、浙江、江苏等地区也未能成为高端产业集群的聚集地。在大多数企业中只存在技术创新的压力,但因为一味依靠跨国公司的技术外溢效果,没有将压力变为动力,大多数停留在被动引进、产品外包和低水平加工生产水平上,抗风险能力较差。产业集群也仅仅变成跨国公司投资体系的一种复制,在这种传统的分工体系下,不仅没有自主知识产权和核心技术,而且自主研发能力薄弱。当然,在人民币升值的影响下,该行业在当前利用产业集群不断降低成本虽然是较为可行的办法,但会严重影响产业集群的可持续发展,也对企业定价能力有一定的负面影响。第四,我国产品的出口市场格局一直呈现集中度较高的状况。我国出口产品数量一直居高不下,在于内需增长长期乏力致使一部分过剩产品不得不转向国际市场寻找出路,同时近年来美国金融危机、欧洲债务危机导致的外部市场疲软都对我国产品依市定价能力造成了不利影响。出口商为了维持其产品在出口目的地国价格的稳定,必须较大限度地吸收本币升值的影响，保持产品在出口国的市场份额。从这个角度来看，出口市场的集中度对汇率的传递程度有着重要的影响。出口市场集中度越高，产品依市定价能力越弱。我国出口产品的目的地主要集中在美国、欧盟、日本这些国家和地区，由于过于依赖这些少数国家和地区，所以为了保持这几个出口市场上份额的稳定，我国出口商会尽可能压低人民币升值期间产品价格的涨幅。

前文实证结果没有考虑汇率以及出口厂商的研发投入对出口厂商生产成本的影响，而事实上，由于加工贸易是我国主要的贸易方式，人民币升值将通过降低进口原材料等中间产品的价格。另外出口厂商也会在人民币升值的压力下，通过改进技术、提高劳动生产率来降低生产成本。所以，为了更准确地估计汇率对各行业出口价格的汇率传递程度，需要在实证模型中考虑汇率以及出口厂商的研发投入对出口厂商生产成本的影响。因而下面估计的一个替代模型只能检验出当考虑上述因素对出口厂商生产成本产生影响时，汇率传递弹性的变化。

$$\Delta \ln p_{it} = b_i + b_{1i}\Delta \ln e_t + b_{2i}\Delta \ln S_t^* + b_{3i}\Delta \ln V_{it} + \mu_{it} \quad (4-12)$$

该模型经过同上文类似的方法判断，选择用固定效应变系数模型进行估计，估计结果如下表4-3所示。

在替代模型式（4-12）具体回归过程中，将基准模型中各行业边际成本变量剔除。结果显示，除皮革毛皮制品、矿物材料和陶瓷玻璃制品行业外，其他行业的出口价格汇率传递程度都有较明显减小趋势，这在一定程度上说明，汇率因素以及技术创新导致出口企业生产成本下降，出口产品本币价格下降，外币价格上升幅度减小，汇率传递弹性减小。

本章的实证研究证明了在人民币升值期间，我国12类主要出口商品外币价格的变动受汇率等相关因素影响的情况，由于不同类型行业市场结构特点及竞争优势的不同，不同类型行业的出口商品的汇率对价格传递弹性也出现了明显的差异。本书将在下章对其中的原因展开具体深入的分析。

表4-3 替代模型汇率对出口价格传递模型主要参数估计结果

产品分类	b_1	b_2	b_3
HS06	−0.4875** (0.2728)	0.1897* (0.2205)	0.2597* (0.4927)
HS07	−0.1636** (0.1278)	0.2538** (0.2039)	−0.3278* (0.0982)
HS08	−0.2892** (0.4205)	0.4983** (0.1128)	−0.3028** (0.2818)
HS09	−0.2755** (0.2870)	0.2755* (0.3079)	0.2769 (0.3174)
HS11	−0.2123** (0.3068)	0.4937** (0.2067)	−0.2597* (0.3702)
HS12	−0.1564** (0.3062)	0.2047* (0.3280)	−0.3146* (0.2869)
HS13	−0.6275** (0.1175)	0.2845* (0.1867)	0.2463 (0.4381)
HS15	−0.2649* (0.2079)	0.3947* (0.2279)	0.1855* (0.4285)
HS16	−0.3750** (0.4029)	0.1937* (0.3201)	0.2087** (0.0936)
HS17	−0.3805** (0.2783)	0.3054* (0.2804)	0.3208* (0.3074)
HS18	−0.4628* (0.274)	0.2709* (0.1274)	0.2805 (0.1138)
HS20	−0.1891** (0.3370)	0.2749* (0.0973)	−0.1139* (0.082)

说明：**和*分别表示在5%和10%的置信水平上显著。各参数估计值后数字为标准差。

4.3 汇率传递弹性非线性门限计量模型

门限模型是一种状态转换模型，当门限变量高于或低于门限值时，变量之间表现为完全不同的线性关系。这种转换依赖于系统状态，Hansen将门限变量大于门限值划分为高区制，否则为低区制。上述两区制多元门限模型具体可表达为：

$$y_t = \begin{cases} a_1 x_t + \mu_{1t} & \text{若 } q_t > \gamma \\ a_2 x_t + \mu_{2t} & \text{若 } q_t \leq \gamma \end{cases}$$

其中，y_t 为被解释变量；x_t 为解释变量组成的向量；q_t 为门限变量，γ 为门限值，μ_{1t}、μ_{2t} 为残差项。

令 $I_t(\gamma) = \{q_t \leq \gamma\}$，当 $q_t > \gamma$ 时，$I_t(\gamma) = 0$；当 $q_t \leq \gamma$ 时，$I_t(\gamma) = 1$。

令 $x_t(\gamma) = X_t I_t(\gamma)$，上述模型进一步可表示为：

$$y_t = ax_t + \beta x_t(\gamma) + \mu_t$$

其中，残差项 $\mu_t = (\mu_{1t} + \mu)$，α、β 和 γ 为待估参数。直接对回归模型进行最小二乘估计，其残差平方和 $s_t(\gamma) = (\hat{e}_t(\gamma))^2$，为残差的估计值。最小的残差平方和对应的即为所要估计的门限值。相应的残差项方差为 $\hat{\sigma}^2 = T^{-1} S_t(\hat{\gamma})$

进一步用拉格朗日乘数（LM）检验模型是否非线性存在门限效应，$H_0: a_1 = a_2$，即模型线性无门限效应。$H_0: a_1 \neq a_2$，即模型非线性存在门限效应。构造 F 统计量如下：$F = \frac{S_0 - S_1}{\hat{\sigma}^2}$（$S_0$、$S_1$ 分别为零假设与备则假设下残差平方和）。若检验结果小于给定的显示性水平下对应的临界值，接受零假设，表示模型不存在门限效应，为线性模型；否则，则表示模型存在门限效应。

在上文建立的基础模型和非线性计量方法的基础上，本书拟选取技术创新率影响因素作为门限变量，

考虑技术创新率不仅影响出口价格对汇率变化的反应程度，同时影响出口价格对边际成本、进口国需求的反应程度。假定技术创新率在高于或低于门限值时所有待估参数都随之发生变化，故以技术创新率为门限变量的模型设立如下：

$$\ln P_t = \begin{cases} \beta_{1,0} + \beta_{1,1} \ln e_t + \beta_{1,2} \ln MC_t + \beta_{1,3} \ln Y_t + \beta_{1,4} \ln V_t + \varepsilon_t, & \text{若 } q_{1,0} > \gamma_1 \\ \beta_{2,0} + \beta_{2,1} \ln e_t + \beta_{2,2} \ln MC_t + \beta_{2,3} \ln Y_t + \beta_{2,4} \ln V_t + \varepsilon_t, & \text{若 } q_{1,0} \leq \gamma_1 \end{cases}$$

$q_{1,0}$ 代表技术创新率，为门限变量；γ_1 为待估门限值。

4.3.1 数据来源与变量选择

根据我国工业部门分类方法以及贸易商品HS分类方法，本书选取我

国出口产品中出口增长较为明显、出口额较大的12类工业产品作为研究对象，分别为HS11（纺织原料及纺织制品）、HS12（鞋帽制造业）、HS08（革、毛皮及制品）、HS20（家具、玩具制造业）、HS09（木材及制品业）、HS07（塑料及橡胶制品）、HS13（矿物材料及陶瓷玻璃制品）、HS15（贱金属及其制品）、HS06（化学工业产品）、HS16（机电、音像设备及其零件、附件）、HS17（车辆、航空器、船舶及运输设备）、HS18（光学、医疗等仪器）。本书所选用数据为月度数据，样本期为2005年7月到2013年12月。

（1）出口价格指数（P_{it}）。由于我国没有公布进出口价格指数，首先构造我国出口商品的总体及分类的价格指数值。参考大多数文献，利用"单位值指数方法"构造各类出口商品的外币出口价格指数（在下文中出现的出口价格均指美元出口价格）：

$$P_{it} = \frac{\sum_j \dfrac{V_{ijt}}{q_{ijt}}}{\sum_j \dfrac{V_{ij0}}{q_{ij0}}}$$

其中，P_{it}是第i类商品第t期美元价格指数（i指上述12类商品），V_{ijt}和V_{ij0}是该种类内第j种商品t期和基期的美元出口金额，q_{ijt}和q_{ij0}分别为t期和基期第j种商品出口数量。

（2）汇率（e_t）。本书拟将人民币名义有效汇率对本币出口价格的影响度量依市定价程度。美国、欧盟、日本和韩国是我国2005年以来最主要的出口对象，所以人民币名义有效汇率以2005年7月为基期得到人民币与美元、欧元、日元、韩元定基指数（采用间接标价法），选取我国与上述国家在各类商品中的出口贸易额作为权重来计算。具体计算方法为：$e^* = \sum \mu_{ij} e_j$，其中e_j为人民币与 J 国货币名义汇率，μ_{ij}为我国i类商品对 J 国出口额占我国i类商品对上述国家及共同体总出口额的比重。相关数据来源于各期《中国海关统计月报》以及IMF的《国际金融统计年鉴》。

（3）国内出口企业的生产成本（MC_t）。我们借鉴已有的研究文献，用国内的各类商品所属行业出厂价格指数（PPI）来衡量。数据来源于《中经网数据库》。

(4)国外需求水平(Y_t)。考虑到各产业间国外需求的差异,本书采用陈斌开(2010)的计算方法。具体而言,以2005年7月为基期得到我国14个主要贸易国[①]的实际GDP的定基指数,然后以我国对各国出口额为权重得到各产业的国外总需求。具体计算方法为:

$$Y^* = \sum \lambda_{iJ} GDP_J$$

其中,λ_{iJ}为我国i类商品对J国出口额占我国i类商品总出口额的比重,GDP_J为J国的真实GDP指数。数据来源于《中经网数据库》《国别统计数据库》。

(5)出口企业创新能力(V_t)。对企业创新能力的度量指标的选择一直是相关研究的难点。从相关文献中看,衡量创新能力的指标通常用创新投入和创新产出进行衡量,一般用研发投入/销售额(主营业务收入)作为衡量创新投入的代理变量,将新产品产值/工业总产值作为衡量创新产出的代理变量。从数据收集全面性考虑,本书选取研发投入/销售额(主营业务收入)即技术创新率作为创新能力的代理变量。数据来源于《宏观与行业经济数据库》《中经网数据库》。

4.3.2 变量平稳性检验

假设面板数据中各截面序列具有不同的单位根过程,本书选用基于Fisher ADF、Fisher PP检验统计量的Maddala and Wu检验。检验结果显示模型中所使用的变量都是非平稳的$I(1)$过程。表4-4显示了若干主要行业指标进行的平稳性检验的ADF值。

表4-4 部分出口行业指标变量的平稳性检验

变量	出口行业	水平值	一阶差分值
出口价格	化学工业及其相关工业产品	-1.269310	-7.438290
	纺织原料及纺织制品	1.272873	-3.480463
	贱金属及其制品	-1.528291	-3.002749
	机电、音像设备及其零件、附件	-1.576579	-5.423883

[①] 14个中国的主要贸易国家和地区包括印尼、日本、马来西亚、新加坡、菲律宾、韩国、南非、欧盟、加拿大、澳大利亚、美国、英国以及中国香港和台湾地区。

续表4-4

变量	出口行业	水平值	一阶差分值
国内成本	化学工业及其相关工业产品	0.061264	−3.023740
	纺织原料及纺织制品	1.076606	−4.553791
	贱金属及其制品	−0.927903	−3.241749
	机电、音像设备及其零件、附件	−1.833162	−5.070091
国外需求水平	化学工业及其相关工业产品	1.319827	−4.110472
	纺织原料及纺织制品	−0.927435	−4.226593
	贱金属及其制品	−1.772461	−3.220796
	机电、音像设备及其零件、附件	−0.982142	−2.487920
竞争者价格	化学工业及其相关工业产品	−1.482379	−3.932780
	纺织原料及纺织制品	−1.068457	−3.528354
	贱金属及其制品	−0.924790	−4.638509
	机电、音像设备及其零件、附件	−0.916477	−3.594276
汇率	化学工业及其相关工业产品	−0.874175	−2.759838
	纺织原料及纺织制品	−1.450227	−3.823650
	贱金属及其制品	−0.145386	−5.936420
	机电、音像设备及其零件、附件	1.847392	−3.285647

4.3.3 汇率波动因素下依市定价行为非对称性门限检验

用上文所述拉格朗日乘数（LM）检验非线性门限效应，以汇率波动幅度为门限变量的模型中，若干主要行业的LM统计量均在10%的水平下拒绝了线性的原假设，即表明汇率波动因素对我国出口企业依市定价行为存在非对称性影响，如表4-5所示。

表4-5 汇率波动因素影响下主要行业依市定价行为门限效应检验

门限变量		技术创新率
商品总体	LM统计值	14.67
	P值	0.083
化学工业及其相关工业产品（HS6）	LM统计值	16.29
	P值	0.037
纺织原料及纺织制品（HS11）	LM统计值	18.59
	P值	0.025
贱金属及其制品（HS15）	LM统计值	17.51
	P值	0.033
机电、音像设备及其零件、附件（HS16）	LM统计值	19.64
	P值	0.001

4.3.4 依市定价行为非对称性研究

根据表4-5所示门限效应检验结果,以技术创新率作为门限变量,从总体层面与主要出口行业层面,对其依市定价行为在不同区制下表现的不同程度再做进一步的估计,估计结果如表4-6所示。

表4-6 主要行业依市定价行为的门限效应

变量名	门限变量:技术创新率				
	商品总体	HS6	HS11	HS15	HS16
门限估计值	0.024	0.035	0.054	0.082	0.028
常数项(up)	0.002	0.083	0.390	0.076	0.020
Dlne(up)	0.390	0.220	0.820	0.450	0.480
DlnMC(up)	0.025	0.028	0.056	0.046	0.037
DlnY(up)	0.210	0.160	0.480	0.400	0.350
DlnV(up)	0.230	0.290	0.420	0.320	0.280
常数项(down)	0.015	0.081	0.370	0.082	0.018
Dlne(down)	0.350	0.140	0.790	0.410	0.360
DlnMC(down)	0.039	0.020	0.048	0.020	0.041
DlnY(down)	0.150	0.370	0.360	0.380	0.280
DlnV(down)	0.250	0.380	0.480	0.350	0.320

注:(1)汇率变量(e)中括号中为up的表示上门限,为down的表示下门限,其余变量系数无门限效应;(2)以上估计值均在5%的置信水平上显著。

表4-6结果表明,以技术创新率与汇率波动率为门限变量,我国出口厂商总体层面及主要出口行业在门限值上下均表现明显的非对称性特点。从出口企业总体层面看,技术创新率在门限值0.024上下呈非对称性特点,从细分行业层面看,对于HS6、HS11、HS15、HS16四类行业,化工行业(HS6)、机电行业(HS16)的依市定价行为对技术创新率的变动更敏感,其门限值相对较低,分别为0.035和0.028;而贱金属制品行业(HS15)的依市定价行为对技术创新率的变动反应较弱,门限值相对较高,为0.082。

另外,就出口企业依市定价行为表现的非对称性程度来看,出口企业总体在门限值上下表现的差异较小,两者仅相差0.04。对于HS6、HS11、HS15、HS16四类行业,其中化工行业(HS6)、机电行业

（HS16）依市定价行为表现的非对称性特点最为明显，两者相差分别为0.08和0.12，而纺织品行业（HS11）、贱金属制品行业（HS15）表现的非对称性特点较弱，两者相差分别为0.03和0.04。

4.4 本章小结

本章在Feenstra（1997）、Marston（1990）、Betts和Devereux（2000）、Campa和Goldberg（2002）等人提出的汇率传递模型的分析框架下，基于我国出口的12类HS分类商品2005年7月至2011年12月月度数据，利用出口企业技术创新能力、出口商品市场份额、出口企业生产成本、人民币名义有效汇率、出口价格指数5个变量构造面板模型，从微观层面对汇率传递以及出口商品价格决定因素进行研究，得出一些有意义的结论。

总体而言，从汇率对我国主要工业品出口价格的传递弹性来看，汇率对传统的劳动密集型产品如纺织原料及纺织制品、鞋帽制品、皮革及制品、杂项制品（家具、玩具等）类产品的出口价格传递弹性较小，汇率对我国主要资本技术含量较高的制造业类产品如矿物材料及陶瓷玻璃制品、化学工业产品、机电产品、机械产品及运输设备、光学及医疗仪器类产品出口价格传递弹性较大。

皮革制品、纺织原料及纺织制品、塑料及橡胶制品市场份额对出口价格影响较大且为负向影响，说明这几类商品为了保持或扩大原有国际市场份额，只能依靠低价格优势。机电产品、化学工业产品市场份额对出口价格影响较大且为正向影响，说明这几类产品能在不断扩大国际市场份额的同时获得一定的市场势力，取得一定的定价权。

皮革毛皮制品、纺织原料及纺织制品行业中技术创新较大限度地影响了产品的生产成本。化学工业产品、机电产品、光学仪器产品这几类产品的技术创新一方面降低了生产成本，另一方面更大限度地提高了产品在国际市场上的竞争优势，取得了一定的定价优势。

当考虑汇率以及出口厂商的研发投入对出口厂商生产成本的影响，本书剔除生产成本这一变量，构建一个替代模型检验出当考虑上述因素对出口厂商生产成本产生影响时，绝大多数行业的出口价格汇率传递程度都有较明显减小的趋势，说明汇率因素以及技术创新导致出口企业生产成本下降，外币价格上升幅度减小。

出口企业依市定价非对称性行为也表现出某些共性。当技术创新率大于门限值时，在总体及细分行业层面，汇率对商品的本币出口价格影响均较小。也就是说，当出口企业技术创新能力较强时，出口企业将随汇率变动较小幅度地调整本币出口价格，依市定价程度较弱。而当出口企业技术创新能力较弱时，往往为了维持出口商品在目的地市场的价格稳定，将更大限度地吸收由汇率变动引起的价格变化，更大幅度地调整本币出口价格，依市定价程度较强。

从上文得到的实证分析的结论，可以得到以下3点启示。

第一，总体来看，人民币汇率波动对出口价格传递弹性较小，也就是说我国的出口价格受汇率因素影响较小。所以我国贸易收支顺差的问题、外部经济失衡的问题是不能简单地依靠人民币汇率升值来解决的。同时汇率传递弹性较小也说明在执行货币政策稳定通货膨胀目标时也不用盯准汇率这一政策工具。

第二，我国出口的劳动密集型产品传递弹性相对较小，市场份额对价格呈负相关关系说明这类型出口企业在国外市场上需求价格弹性较大，拥有市场份额的同时并不具备相应的市场势力，当汇率发生不利变动时，只能调整自身的利润空间以维持市场份额，可持续发展的竞争力非常有限。

第三，中国当前需要借助人民币波动的契机，真正实现产业结构升级，促进贸易结构升级。大力鼓励支持本土企业的自主创新，提高我国出口产品的技术竞争优势，同时强化知识产权意识和品牌意识，改变我国仅仅处于"世界工厂"的地位。另外，切实改善人民收入及社会保障水平，扩大内部需求而减少对外部市场的依赖，尽量减少汇率波动对我国贸易及经济的不利影响。

5 人民币汇率不完全传递的影响因素分析

由上一章我们知道了影响汇率传递弹性的主要因素有出口厂商的市场份额、产品的需求价格弹性、产品替代弹性、边际成本的产出弹性、边际成本的创新投入弹性。本章将结合我国出口商品的特点，选取主要的影响因素进行分析。

5.1 我国出口商品市场势力分析

5.1.1 我国出口商品国别特征明显，在国际市场上市场份额较高

我国出口商品的国别特征明显。国别结构是指我国对某一国出口额占我国该类产品总出口额的比重。出口市场多元化一直是我国主要的贸易战略，但我国主要的出口对象国和地区一直集中在美国、欧盟、日本、东盟、中国香港地区。尤其是美国、欧盟和日本吸收了我国50%以上的出口商品，美国一直是我国最主要的出口对象国。如表5-1所示，2005年7月，我国出口到美欧日的商品分别占我国出口总额的21.73%、18.50%和10.53%，整体来看是我国总出口额的50.76%。再从我国出口行业来看，我国出口到这些国家和地区的主要商品是塑料橡胶制品、皮革

箱包制品、木制品、鞋帽制品、纺织品、机电产品及杂项制品。其中，HS20杂项制品属于劳动密集型产品，我国的该项产品40.74%出口到美国，23.30%出口到欧盟，二者总和高达64%。

表5-1　2005年7月我国出口商品的国别结构（单位：%）

出口去向	美国	欧盟	日本	总计
商品总体	21.73	18.50	10.53	50.76
HS06	13.16	18.42	12.31	43.89
HS07	27.05	15.89	8.30	51.24
HS08	26.33	21.34	6.94	54.61
HS09	27.58	21.56	19.24	68.38
HS11	15.17	22.09	12.06	49.32
HS12	34.25	19.63	6.20	60.08
HS13	17.62	17.79	9.56	44.97
HS15	19.61	15.51	9.68	44.8
HS16	23.53	18.34	9.02	50.89
HS17	23.00	18.66	7.48	49.14
HS18	15.54	14.10	15.20	44.87
HS20	40.74	23.30	6.47	70.51

资料来源：根据《海关统计月报》整理。

由第4章对出口商品结构的分析可知，从2005年7月人民币汇率制度改革以来我国目前最主要的两大类出口产品依然是传统的资本密集型产品（HS16）即机电、音像设备与劳动密集型产品（HS11）即纺织原料及纺织制品。虽然近年来国外对中国实施的各类贸易保护措施越来越多，各种技术性贸易壁垒层出不穷，但对我国主要出口产品的市场份额并没有产生明显影响。如自从2005年配额取消，美国、欧盟对我国纺织品出口重新实施"紧急特保""设限"措施至今，我国纺织品服装出口额在三大出口市场上依旧保持较大份额，如2010年我国纺织品及原料出口额占日本、欧盟、美国的市场份额分别77.40%、41.7%和38.79%。中国的家具、玩具、鞋帽伞等轻工产品和皮革制品箱包分别占美国进口市场的65.9%、76.4%和69.8%，具有绝对竞争优势。在机电产品和纺织品及原料的进口中，中国也居美国进口来源的首位，占该产品进口市场份额的34.2%和38.8%。2010年日本从中国进口的主要商品为机电产品、纺织品及原料和家具、玩具，进口额分别为648.6亿美元、254.6亿美元和88.3亿美元，分别占日本从中国进口总额的42.3%、16.6%和5.8%。中国的劳动密集型产品在日本市场上依然占有明显的优势，如纺织品及原料、鞋靴伞和箱包等轻工产品，这些产品在日本进口市场的占有率均在50%以上。欧盟从中国进口的主要商品为机电产品、纺织品及原料和家具玩具，2010年进口额合计占欧盟从中国进口总额的69.5%，分别为1783.3亿美元、463.6亿美元和346.2亿美元，分别增长47.8%、12.4%和9.3%，这些产品在欧盟进口市场中分别占有39.1%、41.7%和69.9%的份额。另外，欧盟自中国进口的运输设备的进口额增长最快，增幅达到68.2%[①]。我国纺织服装、机电产品出口在2010年三大市场上的占有率见表5-2。

表5-2　2010年我国纺织服装、机电产品出口市场占有率

国家或地区	机电产品		纺织产品	
	金额（亿美元）	市场份额（%）	金额（亿美元）	市场份额（%）
日本	648.6	45.56	254.6	77.40
欧盟	1783.3	39.1	463.6	41.7
美国	1735.5	34.2	370.3	38.79

资料来源：WTO统计网站http://www.wto.org，《海关统计月报》。

同时，从图5-1可以看出，中国纺织品的国际市场占有率呈逐年上升趋势，从2000年的10.25%上升到2010年的29.17%，增幅接近两倍。其占有率与增幅都远高于印度，说明中国纺织品的出口规模在国际市场上取得了明显优势。

[①] 数据来源：WTO统计网站http://www.wto.org。

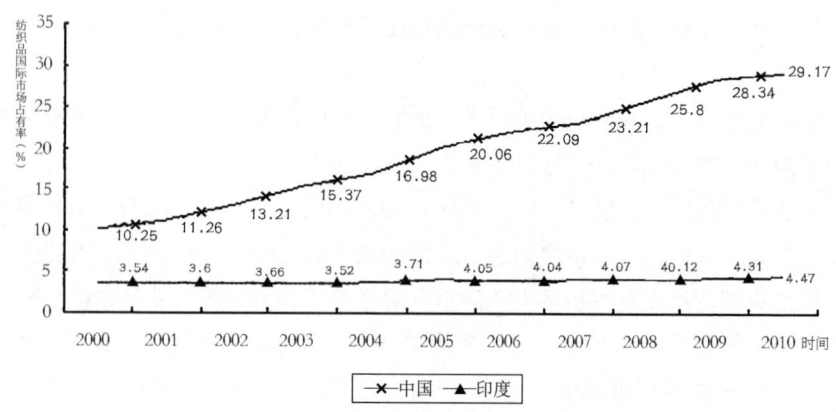

图5-1 2000—2010年中国、印度纺织品国际市场占有率

资料来源：WTO统计网站http://www.wto.org,《海关统计月报》。

5.1.2 我国出口产品在目的国市场上集中度低

（1）我国出口企业小而分散。具有一定国际地位的大规模出口企业比例仍然较小。如我国家电行业经过改革开放30多年的发展，全球77%的家用电器在中国生产。根据中怡康调研数据显示，中国家电市场规模在2011年已经突破了12 000亿人民币。但从单个企业的生产规模来看，与国际知名品牌存在较大差距。如中国的最大两个家电集团海尔和美的，这两个企业的年生产销售规模仅数百亿人民币，而日本的松下和韩国的三星年生产销售规模可以达到数百亿美元，从企业规模来看差距有6倍左右。中国最大的冰箱、洗衣机厂商的年生产规模才200万台左右，而惠普公司的全球洗衣机产量1999年就达到了740万台，其在美国的一家自动洗衣机生产厂一年的产量就是300万台。

中国服装的出口占中国服装生产总量的50%以上，近年来出口增速保持稳定增长，2011年出口额达到2 479.55亿美元[①]。但是，从企业生产规模来看，我们远不是纺织强国，虽然作为纺织大国，却没有一家大规模的世界级的纺织企业。据德国《纺织经济》的统计排序，在世界排名

[①] 数据来源：国研网纺织业数据 http://www.drcnet.com.cn。

前20位的著名纺织企业中,美国有7家,日本6家,英国2家,法国、比利时、意大利、瑞典和韩国各1家。

(2)我国出口企业数量多。自2004年7月中国政府对企业外贸经营权全面放开以来,在国有企业和外商投资企业进出口持续增长的同时,中小型民营企业发展迅速,进出口市场份额持续扩大,成为对外贸易的主体。出口产品多集中在服装、鞋帽、玩具、五金工具、机电产品及机械运输设备。以汽车行业为例,从2001年至2010年,我国汽车整车出口从2万辆增加到58万辆,增长了近30倍。但相关资料显示,我国汽车出口企业实力仍十分弱小。2010年,我国已经成为世界上第一大生产和新车销售国,年产销汽车达1800多万辆,但出口量是58万辆,仅占整个产量的3%左右。我国汽车出口的主体过多,2010年我国58万辆车出口到全球210个市场,320亿美元的汽车产品是由2万家经营主体出口的,出口企业极其分散。

中国企业总体来看生产规模小、数量多。没有实现行业上的规模经济效益,产品的成本与发生的相关费用难以下降,在产品质量上的竞争力也有所不足。在人民币升值的影响下,低价格优势难以为继。

5.1.3 出口企业市场势力不足

出口部门面临的竞争压力来自两个方面:一是外向型竞争,即把一国的出口行业看作一个整体,与国外同类型行业之间进行市场份额的竞争。其间行业竞争优势是关键因素。二是内向型竞争,即一国内部同一行业里企业间对于出口份额的竞争。其间企业竞争优势是关键因素。上文相关数据表明,随着我国拥有外贸经营权的厂商数量增加,行业的整体出口量也随之增加,在国际市场上占据市场份额较大。同时由于企业间内向型竞争压力大,所以出口厂商为了保持或扩大出口份额,往往采取降低价格、压低厂商利润空间的策略,有损行业乃至一国的经济福利。出于我国出口特定情形的考虑,这里针对企业间内向型竞争的研究更有现实意义。

我国管理市场竞争的约束协调机制不健全。我国许多行业的市场集中度较低，出口厂商之间多处于自发竞争的状态，大量缺乏竞争优势的中小企业为了在国内外市场上取得一席之地，往往采用低价竞销的策略，而我国缺乏对市场、厂商定价、出口数量等方面的约束机制。虽然我国的行业协会数量增长很快，但行业协会生存的体制环境，制约其发展的本质问题并未得到根本解决。我国的行业协会、商会等中介组织存在法规不完善、职能不明确、准入机制过于严格等问题，行业协会把服务于政府、协调政府当成主业，将企业的地位视为最低，同时缺乏法律意义上的合法性。所以，从我国出口企业整体来看，虽然在国际市场上拥有巨大的出口数量和较大的市场份额，但缺乏相对应的市场势力，无法根据利润最大化原则自主决定产品的定价权。虽然贸易额持续增长，但我国并未获得相应的贸易利益。相反，则极易导致贸易摩擦的产生、世界经济的不平衡发展。

通过上文分析可知，大量小而散的出口企业在国外出口市场低价竞销，打价格战，在一定程度上破坏了国际价格市场秩序。理论上看，我国出口的部分产品如在国外市场上一直占据较高份额的纺织产品和机电产品，其大量使用了我国的垄断资源如纺织原料、金属原料与矿产品，出口方调整产品外币价格的能力应该比较强，但是出口企业没有形成产业规模。彼此恶性竞争，竞相降价，成本也很难控制。导致汇率传递弹性小，企业也只能得到较小的利润空间。

5.2 我国出口商品对国际市场依赖性分析

5.2.1 我国国内产能持续快速扩张

从2001年底入世以来，我国固定资产投资增长迅速。年度全社会固定资产投资由2002年的43 500亿元增加到2011年的311 022亿元，年均增长25.6%，投资规模增加了6倍多，是改革开放以来增速较高、持续时间较长的一个时期。其间制造业的投资增长速度更是持续高于整体固定资产投资增速。

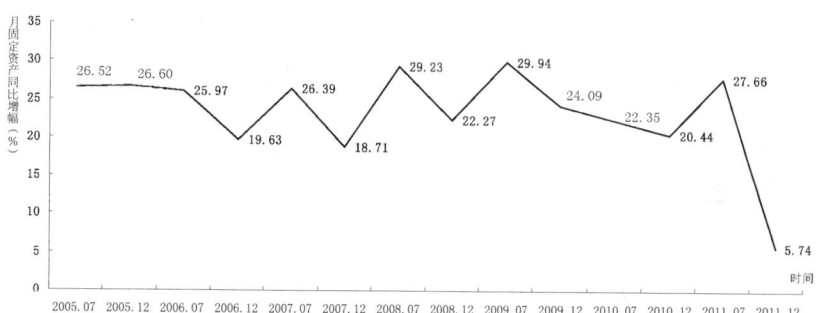

图5-2 2005年7月—2010年12月全社会固定资产投资增长速度
（当月固定资产同比增幅%）

资料来源：国家统计局网站http://www.stats.gov.cn。

图5-2给出了全社会固定资产增速。通过比较若干制造行业2005年和2011年的投资总额及增长速度（表5-3）。发现增长速度较快的主要是纺织业、纺织服装及鞋帽制造业、木材加工及木质品业、电气机械及器材制造业、电子设备制造业、仪器仪表制造业。

表5-3 若干制造业2005—2011年的投资额及增长速度

行业	2005（亿元）	比去年同期增长（%）	2011（亿元）	比去年同期增长（%）
全社会固定资产投资总额	75 096.48	27.2	301 932.85	23.8
制造业投资总额	20 319.29	38.6	102 594.09	31.8
纺织业	1 053.10	38	3 668.81	30.9
纺织服装、鞋帽制造业	381.57	47.3	2 266.57	43.0
皮革、毛皮制品业	198.73	70.8	902.24	29.6
木材加工及木制品业	281.92	58.2	1 894.11	39.8
家具制造业	189.67	80.1	1 192.33	28.8
塑料制品业	470.34	42.1	2 614.34	35.6
通用设备制造业	1 020.60	81.6	7 701.67	30.6

续表5-3

行业	2005（亿元）	比去年同期增长（%）	2011（亿元）	比去年同期增长（%）
专用设备制造业	783.91	68.9	5892.60	39.2
电气机械及器材制造业	761.89	44.9	7850.85	44.6
电子设备制造业	1206.93	18.2	5265.89	34.2
仪器仪表制造业	160.99	23.2	1063.99	39.2

资料来源：国家统计局网站http://www.stats.gov.cn。

我国工业在投资增长的拉动下快速增长。以钢铁产业为例，近些年来，为了解决钢铁工业中存在的重复建设和产能过剩问题，国家多次调控钢铁行业。2005—2010年，我国钢铁生产能力从4.24亿吨增加到8.26亿吨，几乎增长了1倍，而行业产能利用率却从84.0%下降至75.9%，下降了8.1个百分点[①]。我国2005年7月颁布了《钢铁产业发展政策》，2009年3月再次颁布《钢铁产业调整和振兴规划》，导致随后一两年内的投资额都超过了其他正常年份，使钢铁产量继续保持较高的增速。对钢铁产业融资渠道的管理也没有起到应有的作用，自筹资金是我国钢铁企业主要的融资渠道。另外，由于预期市场需求的长期增长，企业在面临亏损时仍然扩大产能，同时产业政策的技术标准限定为企业增加技术投入来扩大产能起了反向激励作用。高库存也是我国纺织品服装企业亟待解决的重要问题，高库存产生的原因有很多，据业内人士介绍，在中国服装行业，每卖出1件商品，生产商至少要准备2.5件商品进行库存周转，有时还会超出这个比例，由此形成了大量库存。另外，中国服装业还停留在订货会模式，依赖下游分销商而不是消费者提供市场信息。

5.2.2 我国国内消费增长长期乏力

在我国固定资产快速扩张的同时，我国一直存在内需不足、增长缓慢的问题（表5-4）。2005年，我国城镇居民平均消费性支出为7943元，2010年消费水平增加到13471元，按当年价格计算，2005-2010年

---

① 数据来源：国研网纺织业数据 http://www.drcnet.com.cn。

我国城镇居民年均消费性支出比上年同期增长基本在10%左右浮动,居民消费水平比上年最高增加14.94%,最低增加9.09%。按可比价格计算速度更低,居民消费水平比上年最高增加5.6%,2009年甚至出现负增长,比同期固定资产增长速度几乎少了20个百分点。

表5-4 2005—2010年我国城镇居民平均消费性支出

年份	城镇居民消费水平（元）	比上年增长（%）	
		按当年价格计算	按可比价格计算
2005	7943	10.59	1.6
2006	8697	9.49	1.5
2007	9997	14.94	4.5
2008	11243	12.46	5.6
2009	12265	9.09	−0.9
2010	13471	9.83	3.2

资料来源：《中国统计年鉴》（2005—2010年）。

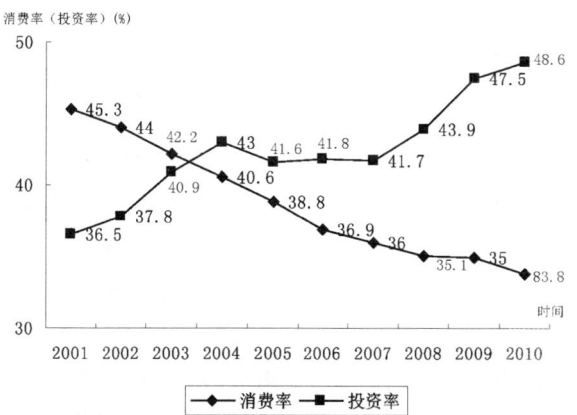

图5-3 近10年居民消费率与投资率

资料来源：国家统计局网站http://www.stats.gov.cn。

从我国GDP构成来看,在过去的30多年居民消费支出占GDP比重逐渐下降,从50%以上下降到40%以下,尤其是2000年以后,下降趋势尤其明显,下降幅度超过10个百分点（图5-3）。即使在出现流动性过剩的2007年,居民消费仅占GDP的35%左右。2010年这一比重下降到33.8%,

为历史最低水平。这一比重低于世界平均水平70%~75%，低于世界中等收入国家60%的平均水平，甚至低于中低收入国家41%的平均水平。我国的投资占GDP比重为42.6%，远超过世界平均水平20.7%。投资对经济增长的拉动作用在短期是通过扩大内需起作用，而长期将会造成国内供给过剩，使本国经济更加依赖外需市场。

5.2.3 产品对国际市场依赖程度加大

我国全社会固定资产投资规模及生产规模的持续扩大而内需的严重不足，使我国大部分产品出现严重的供给过剩的情况，产品销售严重依赖国际市场。根据商务部2005年12月发布的《600种主要消费品供求状况调查分析报告》，目前中国市场上600种主要消费品中，供求基本平衡的商品有172种，占28.7%，供过于求的商品有428种，占71.3%，没有供不应求的商品。在所调查的消费品中，84种纺织品服装13.1%的商品供求平衡，86.9%的商品供过于求；73种家用电器中12.3%的商品供求平衡，87.7%的商品供过于求；118种日用品中11%的商品供求平衡，89%的商品供过于求；16种交通通信商品中18.8%的商品供求平衡，81.2%的商品供过于求；19种五金电料商品全部供过于求。在这种国内市场供求严重不平衡的情况下，我国出口产品必然对国际市场依赖程度加大。

图5-4显示的是2006年制造业若干行业的出口依存度。这里所分析的某产品或某行业的出口依存度用该行业产品出口量占其总产量的比重来表示。其中，电子设备行业的出口依存度最高达到65.3%，皮革毛皮制品、服装鞋帽等传统劳动密集型行业出口依存度在40%以上。

我们经常用到的依存度和出口依存度指标分别是用进出口总额和出口额占GDP的比重来衡量的。它反映一国经济与世界经济的相互联系程度和一国经济开放程度。由于我国的贸易方式是以加工贸易为主，另一方面，国家之间产业结构即制造业与服务业之间的比例相差较大，能被海关统计为进出口额的只包括货物贸易。所以这个指标存在较多问题，不能随便进行国际比较。如日本在经济发展初期实行的也是"出口导向型"贸易政策，对外部市场的依赖程度很大，也成功地实现了"贸易立国",但是日本的贸易依存度一直稳定地在20%左右波动。美国虽然依靠内需拉动经济增长,长期保持较大贸易逆差,由于它国内的贸易政策以及服务业占主导地位的产业结构,美国的出口依存度、进口依存度、贸易依存度分别为9.6%、14.1%、23.7%。

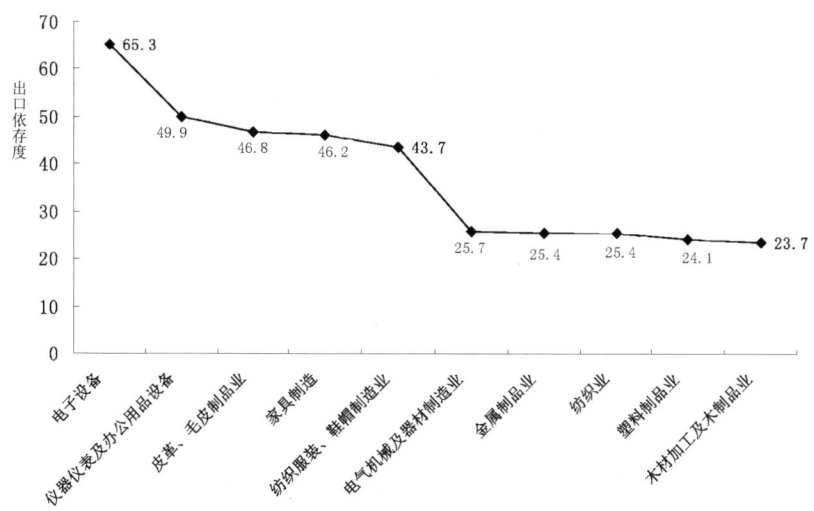

图5-4 2006年部分制造业行业的出口依存度
资料来源:根据《中经网数据库》相关数据整理计算。

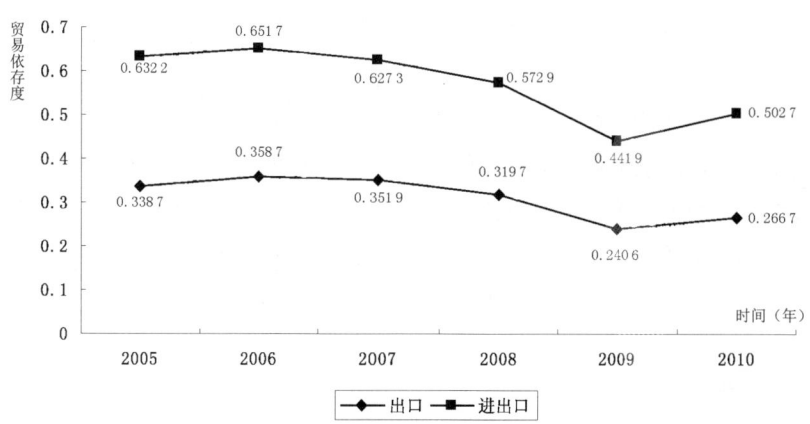

图5-5 2005-2010年中国货物贸易依存度

但是贸易依存度指标即一国出口在GDP中的比重还是能纵向反映一国的开放程度及经济增长对贸易的依赖。通过图5-5看出，2005—2010年我国贸易依存度基本上达到50%以上，并且呈缓慢下降趋势，从2005年的63.22%下降至2010年的50.27%。其中，出口依存度也基本上在30%左右浮动，同时也呈缓慢下降趋势，从2005年的33.87%下降至2010年的26.67%。

通过上文的分析，中国的主要制造业类产品如电子设备、仪器仪表、纺织品服装等制造业都存在投资规模、生产规模较大但内需市场不足，较大依赖国际市场的倾向。所以出口企业往往会选择以目的地市场定价的方式制定商品出口价格，也就是说，汇率波动因素是次要的，制定出口价格首先要考虑在目的地市场价格稳定这一条件。

5.3 我国出口商品竞争优势分析

美国哈佛大学教授迈克尔·波特在《国家竞争优势》一书中，从多个方面剖析了企业、行业及国家竞争优势的来源。他提出，国家竞争优势的来源在于培养企业的竞争优势，而企业竞争优势源于生产要素禀赋、需求条件、关联行业的支撑、企业的管理战略以及机遇和政府支持。波特又进一步将企业的竞争优势划分成两个层次即低层次竞争优势和高层次竞争优势。前者又可以称为价格竞争优势或成本优势，后者又可以称为非价格竞争优势或技术优势。企业低层次的竞争优势可以通过生产要素的供给形成的资源优势和成本优势以及通过不断扩大生产规模形成的规模经济优势等方式获得。但是低层次的竞争优势为企业带来可持续发展的动力机制有限。波特提出企业应该努力通过对生产经营方式、技术管理方法上不断地投入和创新，创造高层次的竞争优势，实现可持续发展的空间和收益。下面将从多个方面分析我国出口商品所具备的竞争优势及其原因。

5.3.1 我国出口商品具备的价格优势

我国出口商品在国际市场上具备的价格优势主要体现在成本和价格上,特别是服装、鞋帽等传统劳动密集型产品出口价格几乎接近成本。可以说明我国在能源与资源的消耗上与其他国家差别不大,但是能源、资源产出率与发达国家相距甚远。

我国出口商品的成本优势主要来源于以下3个方面。

(1)低价的生产要素。一方面由于我国劳动力丰富,劳动力的价格与发达国家有相当大的差距而且有不断加大的趋势。中国的出口商品主要是劳动密集型产品,而劳动力成本的低廉致使出口商品的价格也就一直保持在较低的水平上。劳动力成本受两方面因素的影响:一是劳动力报酬,二是劳动生产率的提高。自改革开放以来30多年内,我国劳动者的工资报酬在剔除通货膨胀因素后,还是不断上升的,但由于劳动生产率的增长更快,因此单位劳动成本并没有上升,反而不断下降,近年来这种下降的势头有所放缓或停滞。

另一方面,我国的要素价格市场化程度低,由于我国企业不合理的开发利用,在价格上的恶性竞争以及政府部门管理上的缺乏,以优惠的条件对外出让,致使许多短缺的资源价格与其他国家相比更低。

多年来我国石油、天然气和煤炭的资源税税率仅为1%,铁、铝土矿为2%。从2011年11月1日开始,我国正式实施新的《资源税暂行条例》,在石油和天然气领域启动从价计征资源税,取代之前的从量定额征收,税率为销售额的5%~10%。而占我国能源使用结构近70%的煤炭,依然为从量计征,税率也基本维持原来水平。通过资源税改革,一方面促进资源合理开发利用,提高了资源的使用效率;另一方面通过使企业和消费者承担一部分税负和成本,使产品价格更能体现合理化水平。

(2)劳动力成本未包含必要的社会保障成本。我国很多企业只负担劳动力的基本工资,对劳动力必要的社会保障、后续的再教育及培训的费用不予承担。工人劳动强度大、待遇低。特别是农民工,缺乏社会保障,从事的是"脏、苦、累"的工作。农民工签订劳动合同的仅占

1/3,而且大部分民营企业对员工缺乏必要的社会保障及后续教育与培训,这种状况被不少发达国家指责为"劳工倾销"。

(3)生产成本未包含必要的治污费用。由于我国许多工业企业盲目追求生产规模,一味降低生产成本,对于生产过程带来的外部负效应如环境污染问题不予承担。所以政府部门应该采取相关措施如高税收、提高资源供应价格等方式迫使高耗能、高污染等行业尽快转型。目前发达国家提出对中国出口产品征收的"反生态倾销"税,要求出口企业承担必要的治理污染的费用,便主要针对这类高耗能、高污染的企业。

5.3.2 我国出口商品技术创新能力不足

从上一节的分析中我们可以看到,我国出口产品的结构已经在很大程度上有了提高,但依然只能冠以"中国制造"而不是"中国创造"的名称,这只能说明我国的技术创新能力相当缺乏,出口产品中主要成分是依赖进口的,附加值较低。

由于企业缺乏技术创新内在动力、政府对社会资源配置的不合理性、对创新型企业的支持力度不足等方面的原因,使我国出口产品依然保持"价廉"的特点,尚未实现"中国制造"向"中国创造"的转变。近两年,成本上升已经成为当前企业经营发展中遇到的最主要的困难,如果不能激发企业的创新动力,出口企业的利润空间将难以为继。附加值的高低被国内外许多学者用来衡量产业竞争力的大小。分析我国出口产品附加值较低的原因,主要有以下几种。

(1)外商投资企业在中国主要投资的是劳动密集型生产环节。表5-5显示2000—2011年间我国出口主体结构的变化。改革开放以来,外资企业数目一直呈较快增长趋势,2000年外资企业超过国有企业,成为出口第一大主体。多年来,我国的对外贸易可以说一直是由外资企业拉动的,外资企业出口占总出口比重已经超过50%,从2001年至今,外资企业的出口所占比重超过50%,2005年高达58.30%。与此相关的是,从1978年改革开放以来,我国加工贸易就不断发展(表5-6)。从2000年到2007年,加工贸易占总出口的比重一直在50%以上,从2008年至今,虽然加工贸易比重有所下降，但也一直处于40%以上。

表5-5 2000—2011年间我国出口主体结构

年份	金额（亿美元）		增长率（%）		占比（%）	
	国有企业	外资企业	国有企业	外资企业	国有企业	外资企业
2000	1164.5	1194.4	18.2	34.8	46.7	47.9
2005	1688.13	4442.09	9.9	31.2	22.16	58.30
2006	1913.44	5638.28	13.35	26.93	19.75	58.18
2007	2248.14	6955.19	17.49	23.36	18.42	56.99
2008	2572.28	7906.19	14.42	13.67	17.98	55.26
2009	1909.94	6722.30	−25.75	−14.97	15.89	55.94
2010	2343.60	8623.06	22.71	28.27	14.85	54.65
2011	2672.22	9953.30	14.02	15.43	14.07	52.42

资料来源：中国海关统计数据库。

表5-6 2000-2011年间我国出口方式结构

年份	金额（亿美元）		增长率（%）		占比（%）	
	一般贸易	加工贸易	一般贸易	加工贸易	一般贸易	加工贸易
2000	1051.81	1376.52	32.91	24.14	42.21	55.24
2005	3150.91	4164.81	29.34	26.99	41.35	54.66
2006	4163.18	5103.75	32.13	22.54	42.96	52.67
2007	5385.76	6176.56	29.37	21.02	44.13	50.61
2008	6625.84	6751.82	23.03	9.31	46.31	47.19
2009	5298.33	5869.81	−20.04	−13.06	44.09	48.85
2010	7207.33	7403.33	36.03	26.13	45.68	46.92
2011	9171.24	8354.16	27.25	12.84	48.30	44.00

资料来源：中国海关统计数据库。

外资企业为我国出口贸易结构的改善起到关键作用，特别是极大地促进了我国高新技术产品的出口。2006年外商投资企业高新技术产品出口额为2478.83亿美元，占全国高新技术产品出口总额的比重为88.06%，占外商投资企业出口额的43.96%。从贸易方式看，加工贸易方式是拉动外资企业高新技术出口的主要原因，在高新技术产品出口中，加工贸易方式下的出口占总出口的90%以上。其中计算机与通信技术出口额最高，达到2022.80亿美元，电子技术出口额为328.42亿美元。

我国的高新技术产品生产和出口很大程度上也是国际信息产业向中国的转移形成的，从我国高新技术产品进口和出口对象国来看（表5-7），2011年1~5月，我国高新技术产品最大的进口对象国是东盟，占我国总进口额的17.5%，其次分别是中国台湾、韩国、日本。2011年1~5月，我国从上述4个国家和地区进口的高新技术产品占该产品总进口额的60%以上。而我国的高新技术产品主要出口对象国是技术水平较为先进的欧盟、中国香港和美国，向上述3个国家和地区的出口占该产品总出口额的60%以上。这些都说明部分发达国家在东南亚国家投资的信息产业有向中国转移的趋势，我国高新技术产品的出口也正是依赖于这些外资企业在中国的投资。

表5-7　2011年1-5月高新技术产品进出口主要国别情况

国别或地区	出口		进口	
	金额（亿美元）	占比（%）	金额（亿美元）	占比（%）
欧盟	422.1	20.5	180.6	10.0
中国香港	513.7	25.0	13.0	0.7
美国	377.5	18.4	112.6	6.3
东盟	146.4	7.1	315.6	17.5
韩国	100.2	4.9	295.6	16.4
日本	128.2	6.2	231.7	12.9
中国台湾	55.1	20.4	295.0	16.4
合计	2057.1	100.0	1802.1	100.0

资料来源：中国商务部机电和科技产业司网站 http://cys.mofcom.gov.cn。

外商转移到我国的主要是劳动密集型的生产制造环节，在中国投资的部分只是产品的加工组装基地。处于产品价值链的中间环节是利润最小的一个部分。从表5-7中数据看出，我国高新技术产品主要从东盟、日本、韩国、中国台湾进口，一方面是因为上述4个国家和地区与中国临近，作为欧美向中国输出高新技术产品的"跳板"；另一方面是日本、韩国、中国台湾自身技术实力较强，具备生产高新技术产品的核心能力。它们向中国出口的高新技术产品,建立的高新技术企业实质上只是高新技术产品生产中的劳动密集型环节。总之,我国出口的高新技术产品只能说在中国制造,但不是中国自己制造。

由于外资企业在中国从事低端环节的加工贸易,所以出口产品在中国的利润空间非常小,是整个价值链条中附加价值最小的部分。外资企业出口产品在中国附加值低,也可以通过比较我国规模以上工业企业、国有及国有控股企业、外商投资企业若干主要行业的增值率来进行说明(表5-8)。总的来看,国有及国有控股企业增加值高于外资企业。2007年外资企业的工业增值率为25.17%,比工业企业增值率低3.72个百分点,比国有及国有控股企业增值率低8.22个百分点。其中纺织业、纺织服装制造业、皮革制造业这些传统的劳动密集型产品外资企业的增值率与国有及国有控股企业差别不大。但那些被归类为技术附加值较高、增长较快的行业如通信设备类制造业、仪器仪表类制造业,其外资企业的工业增值率不仅低于工业企业平均值,也远低于国有及国有控股企业,尤其是通信设备、计算机行业的增值率仅为18.38%。而这些行业的增长及出口增速的提高很大程度上归功于外商独资企业和外商合资企业的投资规模增长迅速。

表5-8 2007年规模以上不同类型企业若干行业增值率(单位:%)

行业	工业企业	国有及国有控股企业	外资企业
全国总计	28.89	33.39	25.17
纺织业	26.23	26.72	26.58
纺织服装、鞋、帽制造业	29.80	35.03	31.33
皮革、毛皮、羽毛及其制品业	28.73	34.75	28.97
电气机械及器材制造业	25.20	25.18	24.36
通信设备、计算机及其他	20.20	27.65	18.38
仪器仪表及文化、办公用品	27.00	35.12	24.17

资料来源:根据2008年《中国统计年鉴》相关数据计算。

(2)中国高端技术人才及研发投入严重匮乏。表5-8数据表明国有企业出口的资本技术密集型产品的附加值也较低,国有及国有控股企业的电气机械及器材制造业、通信设备制造业的工业增值率明显低于国有企业的平均增值率33.39%。而传统的劳动密集型行业如纺织服装、鞋帽制造业、皮革制品制造业的工业增值率与国有企业的平均增值率大致相当。这与我国缺乏高端技术人才、高端管理人才、高素质的国际商务人才都有很大关系。人才的缺乏极大程度制约了我国出口企业竞争优势的发展,高端技术人才与我国社会总需求相比存在很大的缺口。这种现象不仅存在于大型制造业和研究机构,在政府机构和服务业中表现得更为突出。

其次,我国的研发经费占GDP比重过于低(表5-9),从2004年到2009年,我国研发支出占GDP比重虽然从1.23%上升到1.47%,但与日本、美国、法国研发支出占GDP比重相比依然有明显差距,其中与日本研发投入相比,低2个百分点。同时,我国本土企业研发投入能力有限,而我国的政府投入容易受到预算问题的限制。总的来说,我国企业目前技术创新的压力很大,但受到诸多因素影响,压力并未转化为动力。

表5-9　研究与开发经费支出占国内生产总值比重国际比较(单位:%)

国家或地区	2004	2007	2009
中国	1.23	1.40	1.47
日本	3.15	3.44	3.45
美国	2.68	2.67	2.79
法国	2.3	2.08	2.23

资料来源:世界银行数据库http://www.data.worldbank.org.cn。

跨国公司虽然近年来也在中国投资了大量研发中心,但在外资企业的研发中心里,多数工作是进行市场开发,也就是更好地分析市场需求状况以实现产品本土化来占领中国市场,其中的研究工作比率是很小的。在其中占比很小的研究工作中,大多数从事的是应用性的研究,也就是检验技术成果的可行性,真正从事基础性研究工作的还不足1%。如IBM在中国设有规模很大的研发机构,但从事技术专利的基础性研究工作90%以上还是集中在美国的研发中心,所以说外资企业设在中国的研发机构里基本上不会涉及核心技术。相关数据显示,跨国公司在中国研究机构投资中,应用研究投入占52%,开发研究活动占33%。

跨国公司在中国的研发机构的目的除了占领中国市场外,对研发活动的控制程度也是很好的,技术几乎不存在外溢效果。商务部的调查显示,大多数跨国公司为了保持技术垄断优势,倾向于建立独资子公司或注重合资公司中股权的控制。它们的知识产权保护意识极强,一般在中国研发机构获得的研发成果也是需要跨国公司总部申请专利才能使用,其所有权稳定地被跨国公司母公司所控制。

(3)缺少世界自主知识产权和品牌。虽然我国有部分国有品牌如联想、海尔等已经走向海外市场并具有一定国际影响力,但真正具有国际竞争力的品牌很少,品牌建设还需进一步加强。

据商务部统计数据,2007年我国各类进出口企业中拥有自有商标的不到20%,全国自有品牌出口额在出口总额中的比重不足10%。在世界品牌实验室发布的2012年"世界品牌500强"排行榜中,中国内地有73个品牌入选,而在美国国际品牌咨询公司(Interbrand)发布的2011年度"全球最佳100品牌排行榜"中,中国内地同往年一样没有一家企业入围。虽然中国入围的500强的73家企业在某种程度上是中国经济发展的缩影,但如果仔细分析行业、市场化程度和科技含量,与美国、日本等发达国家间的差距还是相当大的。从国际品牌影响力来看,这73家企业没有一家具有国际声誉的品牌。无论是位居前10的中石化、中石油、中国电网还是其他行业,在行业分布、利润来源、品牌的知名度上,基本仅限在中国境内。大部分企业80%以上的业务和利润都是来自于中国。因为其影响力主要在国内,入围的企业或品牌其实本质上应该成为"中国企业"或"中国品牌"。另外,从入围的73家企业利润来源和行业分布来看,美国和日本入围的企业基本都在零售店、互联网、现代制造业等高科技领域,而中国入围的68家企业大多是石油、电力、电信、钢铁、铁路等国家垄断或半垄断行业,只有5家民营企业入围,整体竞争力还是较弱的。

通过上文分析,我国具有的劳动力比较优势使我国在国际分工中处于产品生产价值链的低端。在技术密集型、高新技术产品的出口上，外资企业在华投资的依然是简单加工制造环节，技术附加值较低，缺乏定价权，人民币汇率不是出口价格的主要影响因素。而对从事劳动密集型产品生产的出口企业，产品较强的替代性和较大的市场需求弹性决定了汇率的不利变动是不会影响到出口商品在销售地的价格的。可以说当前最为关键的任务便是提高企业的研发能力，增强企业对自主知识产权和产品品牌的保护意识。

5.4 本章小结

本章从3个方面研究了人民币汇率对出口商品不完全传递的影响因素。认为出口厂商在东道国的市场势力、出口商对国外市场的依赖程度、出口商品的竞争优势、出口企业的经营策略等因素决定了出口商采用不同的定价策略，进而影响汇率传递度。得出以下结论。

首先，笔者认为，虽然我国出口行业在国际市场上占有率高，但是集中度太低。同时我国的行业协会多是服务于政府，并未对企业起到很好的协调和管理作用。结果造成大量小而分散的出口企业恶性竞争，低价竞销，无形中丧失了定价权。理论上看，我国出口的部分产品如大量使用了我国的垄断资源的金属原料与矿产品、在国外市场上一直占据较高份额的纺织产品和机电产品，出口方调整产品外币价格的能力应该比较强，但是出口企业没有形成产业规模，彼此恶性竞争，竞相降价，成本也很难控制，导致汇率传递弹性小，企业也只能得到较小的利润空间。

其次，我国国内产能持续快速增长及内需相对不足使部分供给过剩的产品对国际市场依赖程度加大，出口企业也愈来愈注重产品在销售地的市场份额。所以从这个角度看，出口商为了维持产品在销售地价格的稳定，保持其市场份额不会发生太大波动，将主动承担部分本币升值带来的汇率风险。可以说，出口产品在销售地所占市场份额的大小对汇率传递程度有较大影响。所占市场份额越大的行业越依赖国际市场,该种行业产品的汇率传递弹性越小。相反,如果出口行业对国际市场依赖程度下降,该种行业产品的汇率传递弹性上升。如果用出口依存度来说明,则出口依存度越大的行业汇率传递弹性越小。

最后,我国出口行业的汇率传递弹性整体来看较小,与我国出口产品的竞争优势有很大关系。由于我国劳动力廉价,我国出口产品的价格优势也就是成本优势明显,而技术优势也就是非价格竞争优势较弱。我国主要的贸易方式加工贸易是由外资企业带动的,外商在中国的投资企业基本上从事产品价值链中最低端的加工组装环节,技术附加值较低。由于我国主要从事传统劳动密集型产品的出口或资本技术密集型产品中的劳动密集型生产环节,低门槛和同类型产品竞争激烈的特点决定了汇率对其传递弹性较低。另外,我国本土企业的研发能力很弱,高端技术人才缺乏。而外资企业在我国投资的研发中心多数是针对市场的开发,基础性的研发活动很少,核心技术是几乎没有外溢效果的。另外,技术创新能力不够以及缺少具有较强国际影响力的品牌,出口企业也未能很好地关注产品品牌的建设和维护。种种原因共同导致了人民币升值对我国出口行业的传递弹性普遍偏小,即使是高新技术行业,汇率传递弹性也不大。

总之,由于我国当前所处的经济发展阶段及我国特定的国情,出口企业对其产品定价权较小。在面对本币升值的条件下,出口企业转嫁汇率风险能力有限,容易陷入被动的局面。在下文中将从微观方面研究在人民币升值的条件下,出口企业在当前汇率传递弹性较小的客观现实下如何缓解生存压力,同时培养可持续发展的竞争实力,并从宏观方面提出汇率的不完全传递对我国宏观经济政策的指导作用。

6 人民币汇率不完全传递下的应对策略

6.1 微观对策

通过前文的分析我们了解到，在人民币汇率变动对出口商品价格普遍存在不完全传递的情况下，分行业来看，针对不同类型的商品，汇率的传递弹性存在一定差异。说明我国出口企业转嫁汇率风险的能力不足，大部分出口企业为了维持国际市场份额及商品的价格优势，只能被动降低企业的利润率，尽量减少出口商品在销售地价格的上升幅度。虽然通过直接减少出口企业的利润率是最为直接的影响出口价格的途径，它可以直接降低出口产品的本币价格。可以说减少利润率是出口企业应对本币升值最快、最直接的反映。对于本身有一定竞争优势且利润率较高的产品，通过降低利润率保持产品价格竞争优势的方法还较为可行，但对于本身仅存低微利润的企业，在人民币升值的影响下，如果不能转嫁汇率风险，则只能通过降低成本，否则无生存空间可言。如第4章分析，我国传统的劳动密集型行业以及具有一定竞争优势的资本技术密集型行业如纺织行业、家电行业等由于国内出口企业规模小、数量多，同类型产品之间替代性强，缺乏一定的品牌意识，恶意竞争的局面使出口产品价格及出口产品利润率偏低，在一定程度上限制了出口企业通过继续压缩利润空间来应对人民币升值的能力。

6 人民币汇率不完全传递下的应对策略

为了避免在人民币升值期间我国出口企业只通过压缩厂商利润空间来实现汇率不完全传递，本章主要研究了出口企业降低生产成本的可行性途径，如增加原材料的进口降低原材料成本、通过淘汰落后产能提高市场集中度的策略。

6.1.1 增加进口原材料比重途径分析

6.1.1.1 原材料成本改变对出口成本变动的影响

对于出口产品所需原材料及中间产品，可以通过进口，也可以通过本国生产。如何安排进口产品与本国产品在生产成本中的比例，与一国的汇率水平以及汇率的变化有密切联系。当一国货币处于升值趋势时，国外原材料及中间产品价格相对降低，企业通过增加其进口可以减少单位成本。

下面用一个简单的数理推导进行说明。

假设出口企业的生产成本由本国的投入成本 H（包括国内原材料成本与劳动力工资成本）与国外的投入成本 F（进口原材料成本）构成。对于本国的投入成本，汇率变动不会影响其本币价格；对于国外的投入成本，汇率变动不会影响其外币价格。再假设 e 表示间接标价法下的汇率，则生产成本以本币和外币计价分别为：$H+F$ 和 $(H+F)e$；假设汇率升值的变动率为 a 后，以本币表示的生产成本为 $H+\dfrac{F}{1+a}$，以外币表示的生产成本为 $H(1+a)e+Fe$。

以本币计价的生产成本在汇率变动后的变动率为：

$$\frac{(H+\dfrac{F}{1+a})-(H+F)}{H+F}=\frac{F}{H+F}(-\frac{a}{1+a}) \qquad (6-1)$$

以外币计价的生产成本在汇率变动后的变动率为：

$$\frac{H(1+a)e+Fe-(H+F)e}{(H+F)e}=\frac{H}{H+F}a=(1-\frac{F}{H+F})a \qquad (6-2)$$

式（6-1）、式（6-2）表明，当汇率变动时，$\frac{F}{H+F}$的大小决定了生产成本变动率的大小。以本币计价的生产成本的变化与汇率呈反方向变动，如本币升值，a上升，企业本币计价的生产成本下降。同时，$\frac{F}{H+F}$越大，本币升值时以本币计价的成本下降的比率越大。

以外币计价的生产成本变化与汇率呈同方向变化，如本币升值，a上升，企业外币计价的生产成本上升。原材料成本在总成本中所占比重即$\frac{F}{H+F}$越大（$1-\frac{F}{H+F}$越小），本币升值时，以外币计价的成本上升（下降）幅度就越小。

虽然对于进口原材料所占成本份额的数据无法获得，难以验证汇率与其的相互关系，但通过增加进口原材料比重降低成本的方法尤其是对从事一般贸易的企业而言有较大的发展空间。而我国的贸易方式中加工贸易一直占主体地位，进口的原材料及中间产品的比重往往高达60%以上，国内产品在生产成本中所占份额本来就较小，所以对于从事加工贸易的企业来说，继续增加进口原材料的比重空间较小。但对于从事一般贸易的企业来说，可以利用人民币升值的契机，通过增加进口原材料及中间产品来降低成本。

从图6-1可以得到汇率制度改革之后我国一般贸易和加工贸易下的进口同比增长速度。汇率制度改革初期，一般贸易与加工贸易项下的进口增速水平相近。但2007年以来，一般贸易项下进口增速较快，2008年7月曾达到55.03%的增速。2008年下半年受金融危机的影响，一般贸易与加工贸易项下的增速都有所下降，但2009年底进口增速都有较大的反弹，分别达到65.04%和50.86%。从2010年至今，两者进口增速保持了较平稳的增长，一般贸易项下的进口增速明显高于加工贸易项下的进口增速。2011年12月，两者进口增速有所放缓，为近6年来最低水平。

6 人民币汇率不完全传递下的应对策略

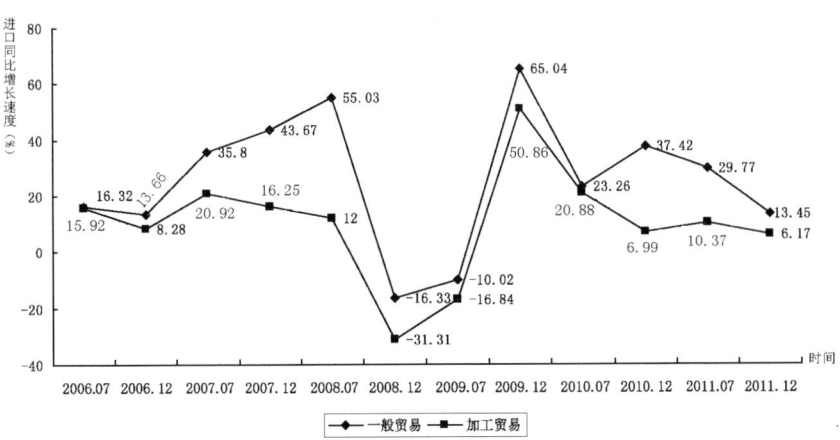

图6-1 汇率制度改革后（2005年7月—2011年12月）我国一般贸易和加工贸易下的进口同比增长速度

资料来源：根据《海关统计月报》整理得到。

表6-1 2005年7月-2009年12月一般贸易与加工贸易进口占总进出口的比重
（单位：%）

时 间	一般贸易进口占总进口	加工贸易进口占总进口
2005年7月	42.60	41.36
2005年12月	40.81	42.55
2006年7月	41.50	40.16
2006年12月	40.87	40.59
2007年7月	44.42	38.27
2007年12月	46.79	37.60
2008年7月	51.55	32.09
2008年12月	49.75	32.82
2009年7月	54.50	31.36
2009年12月	52.78	31.83

资料来源：根据《海关统计月报》整理。

表6-1比较了2005年7月至2009年12月一般贸易与加工贸易项下进口占总进口的比重变化情况。从2007年开始，加工贸易下进口占总进口的比重一直呈下降趋势。到2009年12月，该比重下降为31.83%。而一般贸易项下进口占总进口比重在汇率制度改革后5年间出现小幅波动，但总

体呈上升趋势，该比重由42.60%上升至52.78%。

6.1.1.2 我国出口企业增加进口原材料比重降低成本的方法

通过上文对进口产品及本地产品在生产成本中的占比分析，我们发现，在人民币升值的影响下，企业进口原材料占产品生产投入比例越高，则本币出口价格下降的幅度越大，外币出口价格上升幅度越小，同时尚能保持原有的利润空间，是较为可行的方法。具体来看，除了直接增加进口原材料所占比重之外，还可以通过对原产品升级换代，间接增加进口原材料所占比重的方法，如将劳动密集型产品升级为资本技术密集型产品。从产品价值链来看，两端是利润较高的环节，即研发环节和销售环节。也可将产品的劳动密集型环节升级为产品的资本技术密集型环节。劳动密集型产品的生产主要集中在产品价值链的中端，成本和利润下降的空间有限。可以说长期从事低端的劳动密集型产品的生产很难承受汇率波动的风险。但资本技术密集型产品在成本和利润上都有较大的调整空间，尤其是可以在价值的上游技术研发上增强技术创新能力，增大利润空间，也可以考虑增加资本技术密集型产品下高新技术产品的进口以减少成本进一步推动技术创新。努力从产品价值链的中间向两端转移，这对于部分有实力的企业实行转型是非常可行的措施。企业可以通过引进、收购等方式主动参与到产业链上端的研发环节或销售环节，增强在产品定价上的话语权，灵活调整企业的成本和利润空间，在降低成本的同时能够不断扩大企业的利润，使企业形成可持续发展的竞争实力。

企业来自境外原材料、中间产品的投入占整个产品价格比例越高，人民币升值时期间生产成本减少的幅度越大，企业出口通过降低利润保持市场份额的压力越小，在低汇率传递弹性下相应定价能力越大。可以说以上这两种出口企业通过对原产品的升级换代、直接或间接增加进口原材料采购是人民币升值期间中小企业应对人民币升值、实现转型升级的可行方法。通过企业优胜劣汰的过程，增加我国出口企业整体竞争实力。如我国的纺织服装行业，目前阶段加强品牌建设不是特别可行，而通过引进上游化纤生产线来控制原材料成本更为实际。这样通过减少成本，在保证出口市场价格变化不大的情况下，出口企业利润不会减少，在当前阶段保持一定依市定价能力。

采用增加进口原材料方式降低成本无论对于从事加工贸易还是一般贸易企业而言都较为可行,而且更为持久。因为人民币升值后,加工贸易企业可以增加进口技术含量高的产品而一般贸易企业则可以利用此契机大量增加进口原材料从而减少成本的上升。

6.1.1.3 人民币升值对我国进口商品影响的实证检验

为了更好地论证上文提出策略的可行性,下面将进一步说明人民币升值对我国当前进口商品的影响及趋势,对其相互关系作出实证分析。

(1)变量选取和模型设定。这里选取资本密集型产品进口额、劳动密集型产品进口额(CAPITALIM、LABORIM)为被解释变量,选取的解释变量主要包括汇率(ER)、出口商的生产成本(PPI)、我国国民生产总值(GDP)。所有指标选取从2005年7月至2011年12月的月度数据。

资本密集型产品进口额采用国际贸易标准分类(SITC分类)下第五类和第七类产品之和表示。劳动密集型产品的进口额采用国际贸易标准分类(SITC分类)下除第六类、第八类和第九类产品之和表示(数据来源于《中经网数据库》)。

关于汇率(ER)和生产成本变量(PPI),这里依然使用人民币名义有效汇率和工业品出厂价格指数,所有数据同第3章,不再赘述。

我国公布的GDP只有季度数据,但由于GDP与工业增加值之间存在显著相关性,因此使用月度工业增加值(YC)来表示我国国民收入(数据来源于《中经网数据库》)。

影响商品进口结构的因素很多,上文中罗列的是影响我国商品进口结构中较为重要的因素。这些变量对我国商品结构的长期和短期影响可能是不同的。因此,本书将首先用协整来分析变量之间可能存在的长期关系,同时运用误差修正模型及脉冲相应函数来测算变量间的短期关系。

(2)序列的平稳性检验及结果。对于时间序列数据,经典回归分析暗含着一个重要假设即数据是平稳的。如果数据非平稳,往往导致出现"虚假回归",所以时间序列首先遇到的问题就是平稳性检验的问题。目前，ADF检验是应用最为广泛的方法，而且ADF检验适用于序列无异方差的情况，为了消除时间序列中存在的异方差现象，我们对数据进行对数处理。检验结果表明，原序列为零阶非平稳序列，对所有变量取对数并进行一阶差分，检验结果表明所有变量均为平稳序列。

（3）协整检验及结果。由于本书中变量超过两个以上，变量间可能存在多个协整关系，所以笔者采用Johansen提出的极大似然估计法（MLE），以检验多变量之间的协整关系。Johansen检验可用于检验多个变量，同时求出它们之间的若干种协整关系。由于本书待检验的变量为资本密集型与劳动密集型产品进口额、我国国民收入、名义有效汇率、出口商边际成本，因此笔者将采用该方法检验以上指标之间的长期协整关系。

进行Johansen协整检验，依据无约束VAR回归结果中的滞后期长度标准来确定，选取准则通常为最小AIC或最小SC。根据本书研究的数据特征，选取滞后期长度标准为3，采用序列含有趋势，且趋势为随机的检验选项进行协整检验。

笔者采用迹检验和最大特征值检验两种统计量，其结果表明，该模型在5%的显著性水平上拒绝了没有协整关系的原假设，在迹统计量和最大特征根统计量检验中证实了只有一个协整关系。长期而言，资本密集型产品进口额、我国国民收入、名义有效汇率、出口商边际成本的协整方程为：

$$LNCAPITALIM=-0.36LNER+5.19LNPPI+1.15LNYC-9.04$$
$$LNLABORIM=-0.13LNER+4.89LNPPI+0.95LNYC-8.58$$

从协整关系式可以看出，在长期内，汇率的变动对我国的资本密集型产品与劳动密集型产品进口额均具有反向的影响。由于选取名义有效汇率这个变量时，人民币与美元之间的加权平均汇率是直接标价法，所以当人民币汇率每升值一个百分点（即数值上下降一个百分点），我国资本密集型产品与劳动密集型产品进口额分别上升0.36和0.13个百分点。这说明汇率对我国的商品进口额具有一定的解释作用，但解释力不强，对资本密集型产品的进口额影响较大一点。这说明人民币升值直接

6 人民币汇率不完全传递下的应对策略

导致进口价格下降,对我国进口有一定的促进作用。

(4)向量误差修正模型及回归结果。根据Johansen协整检验结果,本书的研究变量之间确实存在长期均衡的协整关系。因此采用向量误差修正模型考察汇率变动的冲击对国内资本密集型(劳动密集型)产品进口额的短期影响是较为可行的。向量误差修正模型使用一阶差分项消除了变量可能存在的趋势因素,从而避免了虚假回归问题,考虑了变量间长期关系和短期协调问题。也就是在建立了变量之间长期协整关系基础之上,进一步确定一旦变量变动偏离了其长期均衡关系,通过一系列的短期调整逐步趋向均衡的速度。

基于上述Johansen协整检验的结果,本书利用Eviews5.0软件估计了两组指标的向量误差修正模型,由于本书重点研究的是汇率变动对进口额的影响,所以仅将每组向量误差修正模型中以资本密集型产品与劳动密集型产品进口额作为解释变量的方程表示如下:

D(LNCAPITALIM)=−0.02967508418*(ecmt−1)−0.6943512531*D〔LNCAPITALIM(−1)〕−0.6478319612*D〔LNCAPITALIM(−2)〕−0.2547202025*D〔LNCAPITALIM(−3)〕+2.30445981*〔DLNER(−1)〕+0.1457705971*D〔LNER(−2)〕+5.802505335*D〔LNER(−3)〕+3.174300134*D〔LNPPI(−1)〕+3.741220936*D〔LNPPI(−2)〕+2.452754235*D〔LNPPI(−3)〕+0.01481284913*D〔LNYC(−1)〕+0.01242045155*D〔LNYC(−2)〕+0.006665798949*D〔LNYC(−3)〕+0.03322675595

D(LNLABORIM)=0.09075029734*(ecmt−1)−0.5952912214*D〔LNLABLEIM(−1)〕−0.6005883251*D〔LNLABLEIM(−2)〕−0.2185200708*D〔LNLABLEIM(−3)〕−0.3126170264*D〔LNER(−1)〕+0.4055548235*D〔LNER(−2)〕+4.298403016*D〔LNER(−3)〕+3.217518067*D〔LNPPI(−1)〕+4.112681254*D〔LNPPI(−2)〕+1.597551149*D〔LNPPI(−3)〕+0.03370237676*D〔LNYC(−1)〕+0.04401178297*D〔LNYC(−2)〕+0.02154705702*D〔LNYC(−3)〕+0.01982861987

从上述误差修正模型的回归结果可以看出,所有模型方程中误差修正项的系数均为负,且都具有统计上的显著性,这意味着模型中的资本密集型与劳动密集型产品进口额指标在短期里由于受到随机干扰的影响,有可能暂时偏离其长期均衡关系,但反向修正机制最终会制约进口额恢复到其长期均衡状态。

但是,各模型误差修正项的系数存在显著差异,表明资本密集型与劳动密集型产品的进口额在偏离长期均衡时均衡调整的速度是比较长的。具体来看,两者在短期内的波动将分别以2.96%和9.07%的速度从反向向长期均衡状态调整。就劳动密集型产品进口额来看,从非均衡状态调整到长期均衡状态需要近1年的时间,而资本密集型产品的进口额恢复到均衡状态的时间更长。这也说明了系统内随机干扰在短期对资本密集型产品的进口额的影响有较长的滞后效果。

(5)基于脉冲响应函数的分析。下面笔者运用Impulse Response方法来进一步地进行分析,这种方法能检测£的单位冲击对方程组里的各个变量在不同时期所造成的冲击,能够从中看出各个变量相互之间在不同时期的影响关系。脉冲响应方法有两个优点:一是将所考虑的变量纳入一个系统,反映了系统的完全信息;二是能够估计出两个时间序列相互作用的时滞区间。

这种分析方法的结果(图6-2)显示,人民币汇率对产品进口额具有明显且滞后的效果。当汇率发生升值变化(冲击为负)的时候,对资

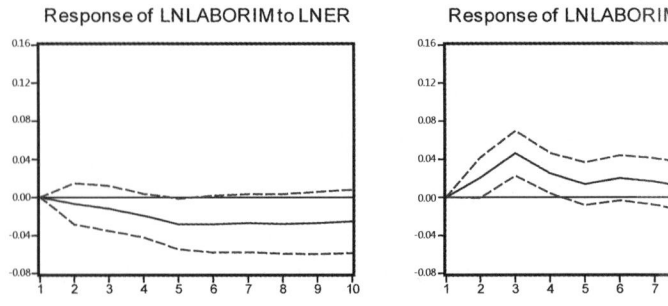

图6-2 汇率对资本密集型及劳动密集型产品进口脉冲响应图

本密集型产品与劳动密集型产品的进口额的作用效果在第2期之前基本保持不变,以后是正向的,到第5期影响最大。第5期以后进口额开始稳定增长。这种变化趋势也说明了汇率发生升值变化时对资本密集型与劳动密集型产品的进口额有明显的滞后效果,同时说明汇率升值这一冲击对进口额具有显著的促进作用和较长的持续效应。

由上文实证分析,可以得出以下结论。

第一,人民币升值直接导致进口价格下降,明显促进了进口。对资本密集型产品的进口额影响较大一点。

当人民币升值时,以本币衡量的国外进口商品的价格下降,但是由于中国本身就是劳动密集型国家,自身的比较优势集中在劳动密集型产品上,因此即使劳动密集型产品的贸易条件改善,国内需求也不会有大的增长。所以,人民币升值对劳动密集型产品的进口影响较小。人民币升值降低国外资本密集型产品的价格,导致中国的需求大量增长,对于部分技术含量较高的资本密集型产品,则可能产生明显的进口替代效应,国外厂商也相应地增加产品的供给。

第二,人民币升值短期内会使我国采用减少利润的方法来保持原来的竞争优势。但从长期来看,利润的持续减少必然使企业失去生存空间。采取更多的进口投入来降低总成本则是继续增强产品价格竞争力的可行方法。通常情况下,工业制成品中资本密集型产品及技术密集型产品(即工业制成品中第五类和第七类产品)进口投入率明显大于初级产品或劳动密集型产品。所以在进口商品中,长期来看,资本密集型产品受汇率变动的影响必然大于初级产品或劳动密集型产品。

6.1.2 通过提高市场集中度、淘汰落后产能促进技术创新

前文分析过我国出口企业转嫁汇率风险的能力较小,最为关键的原因在于企业规模较小、市场集中度较低、产能过剩。从当前形势来看,出口企业必须通过提高产业市场集中度、淘汰落后产能减少同质化竞争,努力实现产品的技术创新,降低生产成本,增强出口产品的竞争优势、市场势力和定价权。

6.1.2.1 市场集中度对技术创新能力影响的实证检验

（1）变量选取和模型设定。关于市场集中度的测量方法很多，主要有区位基尼系数、区位熵（地方专业化指数）、艾利森和格莱赛指数、CR指数。笔者采用产业组织学的市场集中度C5指标的计算方法（即中国15个制造行业工业产值排名前5位的省市占工业总产值的比重）计算出2000年至2010年12个主要制造行业的产品销售收入排名前5位的省市所占的市场份额，称之为五省市集中度。

每一行业按地区分的工业总产值资料来源于2000—2010年《中国工业经济统计年鉴》和《中国工业经济年鉴》，表6-2是2000—2010年中国12个制造行业的C5指数值。从表6-2中可以明显看出，除了交通运输设备业3个行业外，其他行业前五位省份的市场份额之和（C5）在2000年与2010年期间都有着明显的提高，通过比较发现，提高幅度最大的有普通机械制造业、造纸及纸制品业，产业集中度增长分别达到40.23%和36.92%。另外，纺织业、化学原料及化学制品业、金属制品业、电子及通信设备制造业集中度也有较大幅度增长。

资本密集度（CA）。资本密集度是行业进入壁垒的衡量指标，它反映了该行业是劳动密集型还是资本密集型行业，故用资本总额/销售收入即资本密集度指标作为相应代理变量（数据来源于《中国工业经济统计年鉴》）。

技术环境（TE）。可以采用行业的技术人员、工程师数量或申报课题、申请专利的数量来衡量集群中人力资源状况、技术商品化状况。我们采用行业申请专利的数量为技术环境的代理变量（数据来源于《中经网统计数据库》）。

技术创新（I）。指标依然选用研发投入/销售额（主营业务收入）作为创新能力的代理变量（数据来源于《宏观与行业经济数据库》《中经网数据库》）。

表6-2　12个制造行业五省市集中度（C5）及其变化情况（单位：%）

行业分类 \ 年份	2000年	2005年	2010年	2010年较2000年产业集中度增长幅度（%）
纺织业	66.58	77.70	85.80	28.86
造纸及纸制品业	53.73	68.37	73.57	36.92
化学原料及化学制品制造业	50.29	59.96	62.67	24.61
化学纤维制造业	77.83	81.10	85.48	9.82
非金属矿物制造业	49.04	55.89	57.49	17.23
金属制品业	58.21	71.70	77.93	33.87
普通机械制造业	55.67	67.01	78.07	40.23
专用设备制造业	51.35	55.61	59.35	15.57
交通运输设备制造业	46.04	44.68	45.93	−0.23
电气机械及器材制造业	64.25	74.93	78.54	22.24
电子及通信设备制造业	70.39	81.48	88.37	25.54
仪器仪表及文化办公机械制造业	65.71	77.45	80.26	22.14

（2）模型的建立与估计结果。由上文分析，我们将产业集聚与技术创新关系模型的基本形式设定为：

$$I_{it} = a_i + b_i C5_{it} + c_i CA_{it} + d_i TE_{it} \quad (i=1,\cdots,N; t=1,\cdots,T; N=12; T=11)$$

由Hausman检验及F检验可知，选取用固定效应的变系数模型估计样本数据是合理的。模型估计结果见表6-3。

从表6-3中回归结果来看，产业集中度对企业技术创新能力都有显著的正向影响。在交通运输设备制造业、电气机械及器材制造业、电子及通信设备制造业、仪器仪表制造业上，产业集聚水平对企业技术创新能力有明显的促进作用。另外，在纺织业、造纸及纸质品业、金属制品业、专用设备制造业，产业集中度对外资技术外溢的影响明显超过本土企业的自主创新水平。说明我国产业集群的技术创新主要是依赖集群中外资的技术外溢，本土企业的自主创新能力较弱。

同时，回归结果表明，产业的资本密集度与技术环境对企业技术创新也有较显著的正向影响。在造纸及纸质品业、化学原料及化学制品制造业、普通机械制造业、交通运输设备制造业、电器机械及器材制造业、电子及通信设备制造业、仪器仪表及文化办公机械制造业表现都较为明显。

表6-3 产业集聚与技术创新关系模型回归结果

解释变量 行业分类	产业集聚程度（C5）	资本密集度（CA）	技术环境（TE）
纺织业	1.9575 (7.82)***	0.0277 (3.27)***	0.8374 (7.43)**
造纸及纸制品业	1.0231 (5.90)***	0.0163 (2.89)***	0.3195 (4.28)**
化学原料及化学制品制造业	0.4278 (4.87)***	0.0792 (1.04)***	0.6894 (6.36)*
化学纤维制造业	0.2957 (3.53)*	0.0638 (2.17)***	0.4970 (5.18)
非金属矿物制造业	0.5138 (3.29)*	0.0279 (1.73)**	0.1879 (2.34)
金属制品业	1.6257 (6.32)***	0.0138 (4.38)***	0.4739 (3.29)*
普通机械制造业	0.4289 (7.96)***	0.0938 (4.28)*	0.3798 (3.27)**
专用设备制造业	2.3357 (6.47)***	0.0379 (3.20)**	0.4289 (4.58)***
交通运输设备制造业	3.2869 (3.39)***	0.0654 (2.16)*	0.5439 (4.39)**
电气机械及器材制造业	3.2749 (4.47)**	0.0527 (4.93)***	0.7739 (7.26)***
电子及通信设备制造业	5.6243 (7.29)***	0.0894 (6.17)***	0.8790 (7.84)
仪器仪表及文化办公机械制造业	4.7783 (5.77)***	0.0947 (5.26)**	0.7359 (6.13)***

注：*、**和***分别表示10%、5%与1%的置信水平上显著。括号里的数值是 t 值。

由上文实证分析可以得以下结论。

第一，产业的集中度在一定程度上促进了企业的技术创新，这种促进作用主要体现在高新技术产业和传统的劳动密集型产业如纺织业、造纸及纸质品业中，这启发我们有必要从我国产业集群的特点、不同行业的角度来分析如何更好地发展我国产业集群,来调动企业技术创新的积极性,降低生产成本,提高转嫁汇率风险的能力。

第二,产业的资本密集度与技术环境都对企业的技术创新能力有一定正向影响,行业所具备的技术基础、拥有的技术人才对促进企业技术进步的效应明显。说明出口企业将从单纯注重低成本优势逐步向注重行业的技术环境方向转变。

6.1.2.2 我国出口企业提高市场集中度、促进技术创新的策略

(1) 增强产业集群的本土"根植性"。产业集群的经济效应不是单单来自于外部规模经济,地方网络带来的社会资本才是产业集群竞争优势来源的重要内部机制。我国目前产业集群的结构主要集中于化纤纺织、电子等信息产业、医药、机械配件、精细化工等行业。其中轻纺和电子信息产品在改革开放初期就集中在我国珠江三角洲一带,从最初以发展外向型加工产业为目的,到后来形成了一批以跨国公司投资带动的产业集群。另外,我国沿海地区一些中小企业通过与国外厂商结成长期订货关系以及委托生产(OEM)和委托设计(ODM)方式①,专门为海外市场做贴牌生产,也带动了相关生产企业集聚。

上述这两类集群都是依赖一家跨国公司带动了上下游关联性企业的集聚,这样形成的新的企业网络没有依靠当地的社会资本,没有建立在当地社会网络的基础上,仅仅为跨国公司的产业链服务,主要以低成本为目的,而不是以产品创新为基础。无论是传统的劳动密集型产业还是资本技术密集型产业,产品多以仿制、组装为主。产品的核心技术以及基础性研发活动仍保留在跨国公司的本国基地。我国其他地区的产业集群也存在类似的情况。所以,依靠外资技术外溢走技术创新之路不具有可持续性。所以,首先要解决我国产业集群"根植性"差的问题,通过将产业集群建成为一个配套性、嵌入型、本土化的产业网络,更好地发

---

①OEM(Original Equipment Manufacturing)是指原始设备制造商,即按原单位委托合同进行产品制造,用原单位商标,由原单位销售经营,俗称"贴牌生产"或"定牌生产",我国的加工贸易出口大都属于此类。ODM(Original Design Manufacturing)是指原始设计制造商,即按照委托企业要求,由公司设计并生产,但是不使用本公司的品牌,也不负责产品销售。

展产业集群自主创新的能力。

同时,要更加重视知识产权的保护,为企业营造良好的技术创新的环境。在知识产权保护越来越严格的发展趋势下,我国产业集群进行自主创新的压力更大。即便是需要通过引进外资提高技术,但一味模仿是不可能行得通的。因为一个集群内部的企业发展的层次差别有可能是较大的,发展相对较好的企业就会面临着产品被模仿的境地,许多小企业本身缺乏科研基金投入的能力,而大企业为了防止自己的科研成果被模仿,进行科研投入以及产品的开发与设计的积极性也受到极大影响。这样集群企业自主创新能力便陷入一种"瓶颈"状态,影响集群的可持续发展。

(2)加强网络型分工协作,促进技术创新。我国出口企业的"外包意识"普遍较弱,产业链较短,集中度较低。产业集群也主要是大量"小而全"的企业聚集在同一个区域中。行业内、产品内缺乏细致的专业化分工与协作。多数产成品及其零部件都只是在单一企业内部完成的,上下游企业的支撑体系尚未建立起来,如我国服装业产业存在大量产业集群。这些传统的产业集群目前有一定成本优势,但可持续发展动力不足,极大地影响了企业的定价能力。所以可以尝试在发展纺织行业自身的过程中进一步发展相关支持产业,如展览业、模特业、设计业、面料辅料业、信息咨询业等。这样使分工得到细化,促进产业链的延伸,进一步提高市场集中度。同时在加强网络型分工协作的过程中,也可以减少出口企业在技术创新上对跨国公司技术外溢效果的严重依赖,使其不仅仅成为跨国公司零部件加工、生产基地和采购供应中心。促使我国将出口企业自主技术创新的压力转变为创新的动力,提高出口企业的竞争力和定价能力。

(3)淘汰落后产能。一般来说,在市场经济条件下,供给大于需求有利于促进市场竞争和技术进步,但是严重的供过于求会对经济和社会发展造成破坏。如果大量低效率的企业一直维持生产运行,则必然导致同质化竞争,出口企业间将竞相压价,不利于出口市场的良性发展。2009年,我国炼钢、炼铁、水泥、焦碳等行业淘汰落后产能取得初步成效。但是,由于长期积累的结构性矛盾比较突出,工业领域特别是一些高消耗、高排放行业，落后产能比重较大，淘汰落后产能的任务艰巨。2010年4月初《国务院关于进一步加强淘汰落后产能工作的通知》公布后，工业信息化部正式向各地下达了2010年19个行业淘汰落后产能的目标任务，提出了电力、煤炭、钢铁、水泥、有色金属、焦炭、造纸、制革、印染九大重点行业共19个品种淘汰落后产能的目标和时间表。

以我国钢铁产业为例，该产业产能过剩的问题日益严重，大量的供给一方面造成同质化恶性竞争，企业亏损严重，效益低下；另一方面导致大量的库存以及经济资源的浪费。钢铁工业协会统计数据表明，2009年我国粗钢产量最多的10家企业集团合计占全国粗钢总量的46%左右，而日本最大的4家钢铁公司合计产量为8 987万吨，占日本总产量的74.77%。目前，我国具有炼铁、炼钢生产能力的大小钢铁企业有1 200家左右，按2009年产粗钢5.68亿吨计算，平均每家粗钢产量仅41.7万吨，规模小而分散。钢铁行业作为有关国计民生的重要行业，必须实现资源高效率的配置，加大产业集中度，努力实现规模经济。

关于我国传统的劳动密集型行业纺织业，从国内看，内需不足、供大于求的矛盾长期存在。从国际上看，金融危机、欧债危机引发的全球经济低潮还未完全走出谷底，外需市场尚待恢复。我国纺织业由于技术含量低，原材料成本、劳动力成本因素导致企业压力逐步加大。国内更是存在大量的盈利水平不佳的中小民营企业，从2003年至今，我国纺织业的销售利润率在3%~5%的区间浮动，在我国属于微利行业。目前纺纱产能超过1亿锭，但其中达到国内领先水平的仅占68%；化纤行业出现结构性产能过剩，但某些化纤品种还需进口；一批工艺落后的小聚酯、常规涤纶装置和污染严重的粘胶设备仍时开时停；占印染能力近30%的高耗能、高耗水印染设备仍在运行[1]。产能过剩将继续恶化贸易环境，新建设的产能必然面临销售市场和盈利能力的巨大挑战，同时原材料价格的大幅波动将加速纺织业市场集中度的提高，开工率不足的中小企业可以被淘汰或者被收购。

---

[1] 数据来源：国研网纺织业数据整理http://www.drcnet.com.cn。

2009年初出台的《纺织工业调整和振兴规划》,明确将淘汰落后产能作为纺织业振兴的重要任务。到2011年,要重点淘汰75亿米高耗能、高耗水、技术水平低的印染能力;淘汰230万吨化纤落后产能;加速淘汰棉纺、毛纺落后生产能力。据全球纺织网相关数据估计,在2009年至2011年这一纺织业调整期内,至少30%的过剩或落后产能需要被淘汰。近3年来,从《纺织工业调整和振兴规划》执行情况来看,已初见成效。2005年,我国化纤行业淘汰过剩落后产能仅16.6万吨,2009年中国化纤行业淘汰过剩落后产能达137万吨。2010年纺织行业皮革淘汰1 200万张产能,印染产业淘汰31.3亿米相关产能,而化纤则淘汰55.8万吨相关产能[①]。从一定程度上减少了低利润水平企业间的竞争,短期内可能对行业竞争力及定价权影响不大,但长期来看则促使该行业良性发展。

6.2 宏观对策

通过前文的分析可以看出,人民币汇率对我国出口商品价格传递弹性较低,这与我国出口市场结构和出口贸易方式的特殊性有较大关系。人民币汇率变动对出口价格影响较小,这种较低的汇率传递弹性为目前中国面临的若干重要宏观问题提供了一定的指导建议。

6.2.1 汇率不完全传递与人民币升值策略选择

2005年7月汇率制度改革到2008年6月,人民币经过1年左右的缓慢升值期达到高速升值期,从2006年7月到2008年6月,人民币升值速度达到13.77%。从2008年7月以来,受全球金融危机的影响,人民币汇率进入到基本持平期,汇率基本不变。但是中国应该在人民币持续升值预期的影响下如何增加国家及企业的升值受益,避免宏观经济出现不利的状况,较低的汇率传递弹性对人民币升值策略选择具有重要含义。

[①] 数据来源:中国纺织网数据http://www.info.texnet.com.cn。

第一，人民币升值应当遵循小幅、渐进的原则。从2005年7月份至2011年末，根据中国人民银行金融研究所公布的数据，人民币兑美元双边汇率升值30.2%，人民币名义和实际有效汇率分别升值13.5%和23.1%，升值幅度明显。较低的汇率传递弹性说明我国出口企业当前依然需要在国际市场上保留自己的成本优势，而技术竞争力的培养不是一蹴而就的。所以在当前竞争激烈的出口市场上，不能强行压缩企业的利润空间，这样容易导致企业停产、劳动力失业等更为严重的经济问题。同时在当前原材料成本、资源成本、劳动力成本不断上升的前提下，出口企业不能简单地压缩成本，产品的升级换代以及产业结构的转型也需要考虑我国的客观现实。所以人民币升值幅度必须考虑我国出口企业的承受能力。特别是在金融危机刚刚结束，多数国家经济尚在恢复阶段，外部市场上的需求并不旺盛的时期，人民币的升值幅度则更需要稳定。在2008年下半年发生国际金融危机以来，人民币名义和实际有效汇率分别升值1.2%和5.0%，人民币继续扮演了国际货币体系中的稳定锚角色，中国将渐进、稳妥地实现汇率均衡。

第二，人民币汇率形成机制需要进一步完善。2005年7月21日以来，我国实行以市场供求为基础、有管理的浮动汇率制度。从理论上来看，我国汇率是由市场供求决定的，但是从实际运行情况来看，人民币强制性结售汇制度限制了出口企业和居民个人外汇留存，抑制了外汇需求，造成外汇市场上虚假的"供"大于"求"，使人民币难以反映市场实际供求状况，进而这种制度会导致外汇储备的被动增加，强化升值的压力。

人民币汇率形成机制的缺陷，使人民币汇率从某种程度上体现的是政府意志，而非市场供求关系。从货币政策操作角度，在强制性结售汇制度下，出口企业的外汇需要存入央行指定的银行以方便进行外汇管制，这带来外汇储备的不断增长，也导致我国必须不断释放基础货币，而我国的货币政策便需要调控由此带来的流动性过剩和通货膨胀的压力。同时由于2008年国际金融危机发生后，人民币汇率再度收窄了浮动区间，事实实行了盯住美元的汇率政策，这样就使央行货币政策的独立性受到很大的牵制。这也是宏观经济学中常提到的"不可能三角"。经济潜在增速也意味着通胀压力更易浮现,央行政策目标中控制物价水平的权重将不断上升。所以,两方面因素决定了今后央行将更偏重于保证足够内部政策空间以维持价格水平的稳定。那么在资本项目尚未开放的当下,矫正扭曲的汇率形成机制、增加汇率的灵活性、改进汇率的调节机制显得更加有意义。

2010年6月19日,中国进一步推进人民币汇率形成机制改革,增强人民币汇率弹性,坚持以市场供求为基础,重新重视参考一揽子货币进行调节的汇率制度。自2012年4月16日起,银行间即期外汇市场人民币兑美元交易价浮动幅度由5‰扩大至1%,2014年3月17日波动幅度继续扩大至2%。说明进一步扩大人民币汇率浮动幅度的时机比较成熟,人民币汇率将更加趋近均衡水平,中央银行将继续按照主动性、可控性和渐进性原则,增强人民币汇率双向浮动弹性,更大限度地发挥市场供求对汇率的调节作用。

6.2.2 汇率不完全传递与出口贸易战略调整

改革开放以来,中国基本上一直奉行"出口导向"的贸易政策,近年来才重视出口与进口并重的中性贸易政策。按比较优势的分工理论,我国在过去的几十年中一直以传统的劳动密集型产品出口,或从事外商投资产业中的劳动加工环节。虽然出口额的增长在某种程度上促进了我国的经济增长,缓解了我国的就业压力,但单纯依靠低成本优势或国家政策上的倾斜保持国际市场份额已经难以为继。如果不重视自主知识产权、产品的品牌建设以及产品核心技术的研发,则出口企业将失去可持续发展的动力,陷入比较优势分工的困境。

由于中国出口产品以价格优势为主,出口企业看重所占据的国际市场份额,缺乏一定的市场势力和定价权利导致汇率传递弹性较低。目前我国出口的主要产品以资本密集型产品中的机电产品和劳动密集型产品纺织服装鞋帽为主,由我国本土企业研发并生产的高新技术类产品比重很低。在外商投资企业的产业链条中,由于只是从事"世界加工厂"的工作，只能获取非常微薄的利润。而低利润必然无力承担产品的研发、品牌的开发设计工作，也可以说中国正面临踏入"比较优势陷阱"的风险。中国表面上通过大规模的出口贸易额实现了大幅度的经济增长，但在技术创新上，中国与发达国家有着相当大的差距。

单纯追求数量不重视质量的出口增长必然引发更多的贸易摩擦和更多的贸易保护，使我国的对外贸易形成一种恶性循环。从1979年对我国第一次反倾销案例以来，大多数国家通过反倾销、反补贴、配额等各种技术性贸易壁垒对我国近80%以上的出口商品实行进口限制。特别是近年来，随着世界范围内对环境保护、人身安全等问题的重视程度加强，各国对产品的各项技术指标要求更加严格。如西班牙的焚烧中国鞋事件、欧盟对我国家电产品的"回收指令"以及广泛针对我国化工产品的"REACH"法案等，诸多进口限制措施要求我们切实提高出口产品质量，只有通过合理渠道节约成本，以牺牲质量换取低成本和低价格优势才会失去生存空间。

对此，应从以下方面着手：一是培养本土企业的自主创新能力，依靠外资企业的技术溢出是不可行的，要以人民币升值为契机，通过产业转型和升级，同时重视自主知识产品和品牌建设，促进出口企业由OEM向ODM和OBM升级。我们可以采取循序渐进的方法，如适当提高出口退税率，淘汰部分只单纯依靠获得出口退税生存的外贸企业，适当提高对高新技术产品出口企业的补贴等。二是给予国内企业与外资企业平等的优惠措施，培养本土企业技术创新的能力。三是进一步发挥行业协会的约束和协调机制，使行业协会真正服务于企业而不是政府，切实管理好出口企业分散无序竞争的局面。四是努力协调出口、投资和消费的关系，尽量减少对外部市场的依赖，通过扩大内需市场也可以缓解我国出口企业在国际市场上的恶性竞争，减少贸易摩擦，改善我国的贸易条件。

6.2.3 汇率不完全传递与经济增长方式转变

由于我国主要出口商品为劳动密集型、资源密集型产品，出口增长是在消耗能源及自然资源基础上形成的,中国经济增长方式长期以来呈现高投入、高消耗、高排放、高污染的特征,一直依靠投资规模扩张拉动经济增长。这主要由于我国自然资源、能源及劳动力价格低估从而过度使用的结果。从我国汇率的低传递弹性来看,需要我国的经济增长方式由"粗放型"向"集约型"转变,由出口拉动向出口、消费、投资协调发展转变,由"数量增长型"向"质量增长型"方式转变,由"外延型"向"内涵型"方式转变。

多年来粗放型的经济增长及出口增长不断恶化我国的资源环境,中国的人均资源拥有量相对短缺,处于世界较低水平,如煤炭和水力资源人均拥有量相当于世界平均水平的50%,石油、天然气人均资源量仅为世界平均水平的1/15左右。许多矿产资源由于过度开发,目前人均资源可采储量远低于世界平均水平,如稀土、铁矿石、原油、成品油等大量依赖进口,铁矿砂、氧化铝进口依赖度高达45%,原油和成品油的进口约占国内消费总量的40%,供给已经出现严重不足,不利于中国经济稳定可持续地发展。同时我国生态环境在这种粗放型的增长方式下被极大地消耗和破坏,许多发达国家提出征收"反生态倾销税",也就是指需要出口厂商对生产中生态环境的破坏承担相应的治理和保护费用。

当前急需理顺资源要素成本价格,转变高投入、高消耗型增长方式。资源环境成本可以通过合理征收"资源税"等方式提高,而我国出口成本优势的主要来源"人口红利"也即将结束,中国已初步进入"刘易斯拐点"。所以,为了使我国出口产品能在国际市场上获得竞争力,不能依靠投入成本的低廉,需要我们重视经济增长、出口增长的质量和效率,也就是通过技术进步、先进的管理理念和方法、规模经济等实现增长方式的"集约型""效率型""内涵型"。

具体来说,我们必须从产品的技术含量、品质、生产及技术人员的专业能力、企业的管理水平、相关配套服务水平等着手,通过提高产品质量和人力资源质量,最终提高经济增长的质量。由于经济增长质量与投入及产出质量是相互联系、相互作用的,所以只有从微观环节着手,才能真正促使它们之间形成良性循环。

中国粗放型的出口增长已经使我国经济发展与环境压力之间的矛盾日渐突出，虽然政府与民众越来越多地关注该问题，国际社会在此问题上对中国的舆论越来越多，可以说为了我国经济的可持续发展，我们不能再用牺牲环境和能源的高消耗生产方式来换取短期利益，这样无异于"慢性自杀"。当前，只有通过理顺价格机制，合理制定要素价格，同时通过合理资源税费的征收使依靠高消耗获得高产出的企业将被迫转型，实行节能减耗，通过技术创新提高生产率，降低生产成本。另外，需注意跨国公司向中国转移的部分高排放、高污染生产环节的问题，必要时国外投资企业也需要承担相应的费用，不能为了满足当前的出口利润率而牺牲经济发展的长远利益。

6.2.4 汇率不完全传递与最优货币政策选择

一国在制定货币政策时，汇率传递弹性是必须考虑的一个关键变量。在开放经济中，货币政策需要考虑通货膨胀、失业及汇率之间建立均衡关系。如果一国实行浮动汇率制，则货币政策可以有效地实现通货膨胀目标，但经济可能会更多地受到汇率等外部冲击的影响。由于我国汇率传递弹性较低，外部冲击的干扰因素较弱，另外，我国汇率变动对价格的传递弹性较低，说明缓解通胀压力不应依赖汇率这一政策工具，而应从控制信贷规模、法定准备金率等手段着手。人民币的升值与缓解通胀压力没有直接关系，央行应该依靠稳定、从紧的货币政策稳定通货膨胀和通胀预期。我国货币政策的目标，即"保持货币币值稳定，以此促进经济增长"。从当前情形看，稳定国内币值即物价是最为主要的目的。当前我国执行的有管理的浮动汇率制度，同时不断增强的人民币汇率弹性为我国央行提供了制定和实施独立货币政策的空间和自由。

我国从2010年开始，货币政策从适度宽松重回稳健。当前央行在进行货币政策的调整中，主要利用法定准备金、央行票据等数量工具，通过控制商业银行的流动性来控制信贷规模。而诸如频繁加息等价格工具容易造成经济的剧烈波动，不易过多使用。

6.3 本章小结

本章从微观和宏观层面对人民币的不完全传递效应提出相关应对策略。从微观方面来说，我国出口企业在人民币升值期间通过进一步压缩利润空间来保持在国外市场上出口价格的稳定已不可行。本章通过对我国出口企业在人民币升值期间的可行应对策略的分析研究，发现出口企业主要通过增加进口原材料比重减少原材料成本、提高出口企业市场集中度增强技术创新能力等。这些措施主要从降低出口企业生产成本着手，为企业在人民币升值影响下提供一定的生存空间，为进一步转型升级创造条件。

笔者认为增加进口原材料比重如直接增加进口原材料占比；将劳动密集型产品升级为资本密集型产品，将劳动密集型生产环节升级为资本密集型生产环节都是我国出口企业现阶段降低成本的主要措施，同时淘汰落后产能、提高市场集中度、加强产业集群的建设、提高技术创新能力也应该成为我国出口企业应对汇率波动的一项长期措施，这也为我国产业结构升级打下一定基础。

从宏观层面来看，本章提出人民币汇率的不完全传递效应下我国实行的汇率政策、外贸战略、经济增长方式、货币政策的相关建议。人民币升值应当遵循小幅、渐进的原则，尽量避免短期内大幅升值。人民币汇率形成机制需要进一步完善。提升中国出口企业的自主创新能力，推动结构调整和产业升级，提高经济增长的质量和效益。努力实现由出口数量驱动型增长方式向质量驱动型增长方式的转变，扩大内需，协调出口、投资和消费的平衡关系。理顺资源要素成本价格，转变高投入、高消耗型增长方式。目前执行的有管理的浮动汇率制度，同时不断增强的人民币汇率弹性为中国央行提供了制定和实施独立货币政策的空间和自由。同时，中国央行不应把缓解通货膨胀压力过多地寄托于本币升值上，灵活地有弹性的汇率制度为货币政策的有效实施创造了条件，货币政策的目标应以稳定通货膨胀预期为主，实现经济结构调整和经济增长方式的转变。

7.1 主要结论

本书利用面板数据模型，运用HS分类下我国12类主要的制造行业2005年7月到2011年12月的数据检验了人民币汇率变动对出口商品价格的影响。实证研究显示，总体来看，在人民币升值期间，汇率对我国出口商品的价格传递是不完全的。出口商通过降低出口商品本币价格吸收了汇率变动的很大一部分，这使得出口商品的外币价格上升幅度远小于汇率上升幅度。分行业来看，汇率对传统的劳动密集型产品如纺织原料及纺织制品、鞋帽制品、皮革及制品、杂项制品（家具、玩具等）类产品的出口价格传递弹性较小，汇率对我国主要资本技术含量较高的制造业类产品如矿物材料及陶瓷玻璃制品、化学工业产品、机电产品、机械产品及运输设备、光学及医疗仪器类产品的出口价格传递弹性较大。当考虑汇率以及出口厂商的研发投入对出口厂商生产成本的影响，本书剔除生产成本这一变量，构建一个替代模型检验绝大多数行业的汇率传递程度都有较明显减小的趋势，说明汇率因素以及技术创新导致出口企业生产成本下降，外币价格上升幅度减小。

我国汇率传递弹性较小的主要原因是，大量小而散的出口企业为了占据一定的市场份额，在出口市场低价竞销，这种恶性竞争将导致企业缺乏可持续发展的竞争力，丧失产品的定价权。同时我国国内投资增速消费增长长期乏力形成了大量过剩产能，供给过剩的产品必须转而依靠国际市场，无形中增加了产品销售对国际市场的依赖程度。我国出口企业在目的国市场上较低的集中度以及较高的市场占有率使得汇率传递弹性较小。我国出口商品由于劳动力的廉价只具备较强的成本优势或价格竞争力，导致我国在国际分工体系中只能承担低端的加工环节，技术附加值较低。而外资企业在中国投资的生产环节或研发环节中，核心技术外溢效果较弱，本土企业并未掌握核心技术。

由于我国大部分出口企业在人民币升值期间只能通过降低本币出口价格以保证外币价格在销售地市场上的稳定，承担大部分的汇率风险，为了使出口企业能继续保持一定的利润空间，其主要途径就是通过降低生产成本来降低本币出口价格。具体来看，我国出口企业可以直接增加原材料进口来降低生产成本，尤其针对我国一般贸易方式下的出口企业有较大的发展空间。另外，通过间接增加进口原材料来规避汇率风险的措施使用起来更加灵活。淘汰落后产能、提高市场集中度、加强产业集群的建设、提高技术创新能力也应该成为我国出口企业应对汇率波动的一项长期措施。

从宏观层面来看，人民币升值应当遵循小幅、渐进的原则，进一步完善人民币汇率形成机制。提升中国出口企业的自主创新能力，推动结构调整和产业升级，合理制定要素价格，转变高消耗、高污染的增长方式，实现"粗放型"向"集约型"方式转变、"外延型"向"内涵型"方式转变，提高经济增长的质量和效益，协调出口、投资和消费的平衡关系，扩大内需。中国央行应更多地运用数量工具，更好地发挥货币政策的有效性，稳定通货膨胀和通货膨胀预期。

7.2 研究展望

本书可以在以下方面做进一步的研究。

（1）本书在理论框架下所作出的模型假设中，为了便于进行计量分析，将技术创新投入作为产出变量的一部分，没有考虑现实情况中更为复杂的因素。下一步将进一步考虑技术创新、成本、产出三者的相互关系，完善理论模型框架。

（2）本书实证分析时，关于人民币名义有效汇率的计算，只是笼统用我国与主要贸易伙伴国之间贸易额作为名义汇率权重，对不同行业使用统一的名义有效汇率。如果能使用国家间不同行业的贸易额作为名义汇率权重，构造分行业的名义有效汇率，将进一步提高实证结果的精确性。

（3）本书只通过细分行业分析了汇率的传递效应，下一步还可以进行细分国别的分析，即考虑汇率对我国出口商品在不同国家的传递效应，这样得出的结论会更为精确和全面。

（4）本书只针对人民币在升值趋势下汇率对出口价格的传递效应进行了系统研究和分析，下一步可以针对人民币汇率波动对出口价格的影响进行分析，同时可以进一步区分人民币升值或贬值对价格的影响效果。

主要参考文献

保罗·克鲁格曼，茅瑞斯·奥伯斯法尔德. 国际经济学 [M]. (第五版) 北京:中国人民大学出版社，2002.

毕玉江，朱钟棣. 人民币汇率变动的价格传递效应[J]. 财经研究，2006(7):53-62.

毕玉江. 人民币汇率变动对中国商品出口价格的传递效应[J]. 世界经济，2007(5):3-14.

毕玉江. 人民币汇率变动对中国进口商品价格的传递效应[J]. 数量经济技术经济研究，2008(8):16-28.

毕玉江，朱钟棣. 人民币汇率变动与出口价格：一个分析框架与实证检验[J]. 世界经济研究，2007(1):20-31.

卜洪运，臧珂炜. 人民币升值对FDI的影响及对策[J]. 经济论坛，2007(3):15-27.

卜永祥. 人民币汇率变动对国内物价水平的影响[J]. 金融研究，2001(3):78-88.

蔡少琴. 实际汇率与经济成长——我国内外经济失衡的巴拉萨-萨缪尔森效应分析视角[J]. 现代管理科学，2012(10):13-25.

陈斌开，万晓莉，傅雄广. 人民币汇率、出口品价格与中国出口竞争力[J]. 金融研究，2010(12):30-42.

陈道富. 人民币汇率制度改革:跨出历史性的一步[N]. 上海证券报，2005-08-04.

陈佳贵. 努力提高我国制造业国际化的质量和水平[J]. 经济管理，2008(3):12-25.

陈六傅，刘厚俊. 人民币汇率的价格传递效应:基于VAR模型的实证分析[J]. 金融研究，2007(4):1-12.

主要参考文献

陈倩倩. 人民币汇率制度改革刍议[J]. 甘肃农业, 2006(5):25-31.

陈林. 河北省农机企业战略联盟问题研究[D]. 保定:河北农业大学, 2012.

陈学彬, 刘明学. 人民币实际汇率变动对我国贸易收支的影响[J]. 复旦学报(社会科学版), 2007(6):1-9.

陈学彬, 李世刚, 芦东. 中国出口汇率传递率和盯市能力的实证研究.[J]. 经济研究, 2007(12):106-117.

陈怡欣. 浅析人民币升值对中国经济的影响[J]. 西安社会科学, 2011(4):38-47.

陈作章. 日元升值对日本经济利弊得失的分析[J]. 国际金融研究, 2004(11):48-53.

程惠芳. 国际收支调节理论与政策的演变[J]. 经济学动态, 1996(8):49-53.

程勇. 刍议辽宁经济可持续发展中的增长方式问题[J]. 辽宁经济, 2011(8):58-59.

戴世宏. 从固定到浮动——构建灵活汇率制度的金融政策框架[J]. 中国外汇管理, 2005(9):16-17.

戴祖祥. 我国贸易收支的弹性分析[J]. 经济研究, 1997(7):55-62.

邓晓. 人民币汇率变动对我国通货膨胀的影响研究[D]. 武汉:华中科技大学, 2012.

董葆茗. 日元升值对日本进出口贸易的影响分析[J]. 现代日本经济, 2006(5):52-55.

杜进朝. 汇率变动与贸易发展[M]. 上海:上海财经大学出版社, 2004.

杜运苏, 赵勇. 汇率变动的价格传递效应——基于中国的实证研究[J]. 经济科学, 2008(5):48-57.

冯用富. 稳定人民币汇率与制度改革[J]. 经济学动态, 2005(4):15-19.

封福育. 人民币汇率波动对出口贸易的不对称影响——基于门限回归模型经验分析[J]. 世界经济文汇, 2010(2):12-24.

封思贤. 人民币实际有效汇率的变化对我国进出口的影响——以家电行业出口为例[J]. 数量经济与技术研究, 2007(4):3-13.

封北麟. 汇率传递效应与宏观冲击对通货膨胀的影响分析[J]. 世界经济研究, 2006(12):34-43.

傅熊广. 人民币汇率对消费者价格的传递弹性[J]. 经济科学, 2008(4):52-62.

付明月. 农产品贸易对中国地区间农业经济增长不均衡的影响[D]. 淄博:山东理工大学, 2011.

高铁梅. 计量经济分析方法与建模:EViews 应用及实例[M]. 北京:清华大学出

版社，2006:126-165.

郭树清. 人民币汇率与贸易和经济[J]. 中国外汇管理，2004(9):12-19.

郝美彦. 我国贸易顺差透析[J]. 山西财政税务专科学校学报，2008(8):35-42.

胡冬梅，郑尊信，潘世明. 汇率传递与出口商品价格决定:基于深圳港2000—2008年高度分解面板数据的经验分析[J]. 世界经济，2010(6):45-49.

胡晓炼. 汇改有助于增强货币政策有效性[J]. 国际商务财会，2010(11):29-34.

胡晓炼. 不断完善有管理的浮动汇率制度[J]. 中国金融，2010(8):51-62.

胡雄鹰，汪琳，王祖山，等. 期权的时间价值对执行或出售期权决策的影响[J]. 特区经济，2009(5):87-95.

黄珺仪. 中国可再生能源电价规制政策研究[D]. 大连:东北财经大学，2011(12):47-59.

姜波克，许少强，李天栋. 经济增长中均衡汇率的实现及作用[J]. 国际金融研究，2004(12):51-57.

姜波克. 国际金融学[M]. 北京:高等教育出版社，1999.

姜昱，邢曙光，杨胜刚. 汇率波动对我国进出口影响的门限效应[J]. 世界经济研究 [J]，2010(7):32-48.

姜昱，邢曙光，杨胜刚. 人民币汇率传递的不对称效应[J]. 广东金融学院学报，2010(7):45-57.

姜义美. 2005—2007年人民币汇率的波动[D]. 乌鲁木齐:新疆财经大学，2007.

鞠荣华，李小云. 中国农产品出口价格汇率传递效应研究[J]. 中国农村观察，2006(2):17-23.

康娜. 基于人力资本视角的FDI技术溢出效应的实证研究[D]. 南京:南京财经大学，2010.

李计广，张汉林，桑百川. 改革开放三十年中国对外贸易发展战略回顾与展望[J]. 世界经济研究，2007(4):1-12.

李同宁. 从科学发展观看人民币汇率问题[J]. 湖北社会科学，2005(2):22-31.

李文星. 汇率变动对价格的传导机制探析[J]. 科技经济市场，2011(3):76-81.

李文星. 人民币汇率变动对我国价格水平的传递效应研究[D]. 泉州:华侨大学，2011.

李文星. 汇率变动对价格的传递效应研究综述[J]. 内蒙古科技与经济，2011(4):45-57.

李雅丽. 人民币汇率变动对我国出口商品价格影响研究——基于汇率不完全传递视角[D]. 厦门:厦门大学，2008.

李颖.不完全汇率传导理论在中国的应用[D].济南:山东大学,2008.
李子奈,叶阿忠.高等计量经济学[M].北京:清华大学出版社,2000.
刘翠琴,刘广深.中国对外贸易战略转型分析[J].廊坊师范学院学报,2007(8):27-35.
刘翠翠.经济开放对我国工资差距的影响研究[D].武汉:华中科技大学,2012.
刘红忠,张卫东.蒙代尔-弗莱明模型之后的新开放经济宏观经济学模型[J].国际金融研究,2001,(1):11-26.
刘刚.转变经济增长方式与法律制度创新的历史变迁[J].华章,2012(2):27-35.
林毅夫,蔡昉,李周.中国的奇迹:发展战略与经济改革(增订版)[M].上海:格致出版社,上海三联书店,上海人民出版社,1999.
理查德·E·凯弗斯,杰弗里·A·法兰克尔,罗纳德·W·琼斯著.世界贸易与国际收支(第九版)[M].北京:中国人民大学出版社,2005.
龙子薇.汇率变动的价格传递效应及其对我国物价水平影响分析[J].商业时代,2012(25):32-43.
卢峰.人民币实际汇率之谜(1979-2005)——基于事实比较和文献述评的观察[J].经济学(季刊),2006(3):635-674
吕剑.人民币汇率变动对国内物价传递效应的实证分析[J].国际金融研究,2007(8):39-47.
马光明,仲鑫.我国高比例加工贸易引发的思考[J].国际商务——对外经济贸易大学学报,2007(9):53-59.
马红霞,张朋.人民币汇率对中欧出口价格的传递效应[J].世界经济研究,2008(7):33-37.
马红霞,张朋.汇率传递理论研究的新进展[J].国外社会科学,2009(3):84-91.
马君潞,吕剑.人民币汇率制度与金融危机发生的概率——基于Probit和Logit模型的实证分析[J].国际金融研究,2007(3):10-14.
马宇.汇率变动对进出口价格的影响:汇率传递研究综述[J].浙江金融,2007(10):13-14.
马衍军.人力资本与FDI在经济发展中的互动研究[D].大连:东北财经大学,2005.
孟照建.人民币名义有效汇率对我国国内价格传递效应研究[D].厦门:厦门大学,2009.
穆莹莹.中国对外贸易战略调整方向研究[J].科技情报开发与经济,2007(1):57-62.

宁冬莉.浮动汇率下的国际厂商定价模型及汇率行为研究[D].上海:上海财经大学,2006.

欧阳引华.人民币升值原因及其对我国经济的影响[J].金融经济,2008(10):18-27.

邱嘉锋,王珊珊,侯庆志.人民币汇率变动对中国经济增长的影响分析——基于进出口贸易和外商直接投资传导机制的视角[J].经济纵横,2012(9):56-69.

全桂红.人民币汇制改革与进口企业财务运作及风险控制研究[D].厦门:厦门大学,2008.

荣岩.人民币汇率传递效应的影响因素研究[D].上海:复旦大学,2011.

荣岩,丛屹.不完全竞争市场结构中的汇率传递效应研究[J].新金融,2010(2):21-32.

荣岩,丛屹.汇率传递效应研究评述[J].世界经济情况,2010(1):17-28.

施建淮,傅雄广.汇率传递理论文献综述[J].世界经济,2010(5):3-26.

施建淮.人民币升值是紧缩性的吗?[J].经济研究,2007(1):27-37.

施建淮.全球经济失衡的调整及其对中国经济的影响[J].国际经济评论,2006(3):12-28.

施建淮,余海丰.人民币均衡汇率与汇率失调:1991—2004[J].经济研究,2005(4):32-47.

苏飞.市场预期在我国货币政策传导机制中的作用研究——基于结构因子向量自回归模型[J].国际金融研究,2012(8):22-32.

孙敬水,董亚娟.人力资本与农业经济增长:基于中国农村的Paneldata模型分析[J].农业经济问题,2006(12):14-27.

谭崇台.发展经济学概论[M].武汉:武汉大学出版社,2001.

王利平.人民币升值背景下浙江中心民营企业出口竞争力调查[J].浙江金融,2008(11):7-14.

王利平,徐子福,封建玲,等.汇率改革对浙江省重点行业企业出口的影响研究[J].国际贸易问题,2007(5):25-38.

王琼,曹伟.汇率变动对我国进口产品价格的传递弹性——基于细分商品层面的分析[J].世界经济研究,2008(7):27-31.

王胜,邹恒甫."新开放经济宏观经济学"发展综述[J].金融研究,2006(1):78-185.

汪琳,刘海云.我国出口企业依市定价能力研究——基于典型行业层面的数据[J].当代财经,2012(7):56-67.

汪琳. 如何提升中国出口企业依市定价能力[J]. 人民论坛，2012(5):87-92.

汪琳. 人民币贬值的出口价格传递效应[J]. 价格月刊，2012(7):42-51.

汪琳. 中美贸易收支与人民币汇率的关系[J]. 湖北经济学院学报，2011(6):27-32.

汪琳. 从大饥荒看制度创新[J]. 当代经济，2011(21):57-62.

汪琳. 人民币汇率波动与我国贸易结构升级[J]. 经济视角(中旬)，2011(8):87-92.

汪琳，胡雄鹰，余小鹏. 基于BSC的我国大中型化工企业综合竞争力评价[J]. 孝感学院学报，2011(4):47-54.

汪琳. 人民币汇率波动对我国进口商品结构的影响[J]. 武汉金融，2011(10):57-65.

汪琳. 人民币汇率与我国贸易结构互动关系[J]. 武汉工程大学学报，2010(4):27-38.

汪琳. 中国货币中性问题的实证研究[J]. 北方经济，2010(11):32-39.

汪琳. 中国与东盟产业内贸易现状与动因分析[J]. 特区经济，2009(1):88-94.

汪琳. 国际贸易中的外汇风险及其防范[J]. 特区经济，2009(12):83-89.

汪琳. 中国农产品比较优势动态分析[J]. 北方经济，2006(8):52-57.

汪琳，胡雄鹰. 人民币汇率制度的选择[J]. 消费导刊，2008(5):98-103.

王晋斌，李南. 中国汇率传递效应的实证分析[J]. 经济研究，2009(4):54-68.

王晓燕. 人民币升值背景下我国经济发展方式转变的路径思考[J]. 现代经济信息，2011(9):27-35.

吴东立. 人民币汇率变动的出口价格传递效应研究[D]. 沈阳:辽宁大学，2009.

武瑾. 人民币升值对中日贸易的影响[D] 延吉:延边大学，2009.

项后军，许磊. 不同因素影响下我国出口企业依市定价行为的非对称性研究[J]. 国际贸易问题，2013(10):147-158.

肖黎明. FDI对区域产业结构的影响——基于山西的面板数据模型[J]. 工业技术经济，2012(3):59-69.

肖黎明，张春莲. 外资流入的产业结构效应——基于区域经济发展的视角[J]. 开发研究，2012(4):78-89.

许姣丽. 基于不同汇率制度的实际利率冲击效应研究[J]. 金融理论与实践，2012(8):85-94.

熊威. 人民币升值后的汇率传递效应与贸易结构调整[D]. 武汉:华中科技大学，2009.

徐伟呈，范爱军. 人民币实际有效汇率变动的中国产业结构升级效应[J]. 世界经济研究，2012(6):25-39.

冼国明，石庆芳.人民币汇率波动对中国物价水平的影响——汇率制度变迁视角[J].财贸研究，2014(4):14-23.

杨胜刚，朱红.中部塌陷、金融弱化与中部崛起的金融支持[J].经济研究，2007(5):43-58.

尹应凯.购买力平价、人民币升值之谜与"双效应-三阶段曲线"假说[J].国际金融研究，2008(11):63-67.

于香.我国对外贸易与经济增长关系的实证分析[D].大连:东北财经大学，2007.

曾慧，李金昌.基于人力资本的FDI与经济增长关系:省际面板数据研究[J].商业经济与管理，2007(12):27-33.

赵春玲，周真.我国二氧化碳排放与经济增长关系的面板数据分析[J].企业技术开发，2011(3):98-102.

赵奕凌.人民币升值背景下我国转变经济发展的方式建构[J].重庆科技学院学报(社会科学版)，2011(4):54-61.

赵大平.固定汇率制下的沉淀成本模型[J].世界经济研究，2004(9):71-74.

赵大平.人民币汇率传递对中国贸易收支的影响[M].上海:上海世纪出版集团，2007.

张自如.国际产业转移与中国对外贸易结构[M].北京:中国财政经济出版社，2008.

张振华.浅议2005年人民币汇率制度的改革[J].青海金融，2006(1):57-63.

张鸿.关于中国对外贸易战略调整的思考[J].国际贸易，2005(9):49-64.

张亚婷.内蒙古能源消费与经济增长方式转变研究[J].内蒙古财经学院学报，2011(6):22-35.

张立强.人民币汇率体制改革影响及商业银行应对策略研究[J].投资研究，2010(12):18-27.

张翼.中国汽车年产量1800万辆，出口仅58万辆[N].光明日报，2011-11-30.

郑平，刘英.不完全汇率传递研究[J].华东经济管理，2005(5):132-135.

周艳.汇率变动、贸易失衡与政策选择:中国的经验[D].厦门:厦门大学，2007.

周觉，林慕楠.人民币升值压力下我国货币政策的两难选择[J].金融教育研究，2012(1):28-34.

朱惠，潘琦.我国货币政策对人民币汇率的传导机制探究[J].统计与决策，2012(16):45-59.

Adolfson. Incomplete exchange rate pass-through and simple monetary policy rules [J]. International Money and Finance, 2004: 468-494.

Alfred M.Money, credit, and commerce [M] . Alllherst, N.Y.: Prometheus Books, 2003.

Anderson E, Anne C.Intemational market entry and expansion viaindependent or integrated charmels of distribution [J]. Journal of Marketing, 1987, 51(1): 71-82.

Athukorala J M. Exchange rates and strategy pricing in Swedish machlnery exports [J]. Oxford Bulletin of Economics and Statistics, 1995, 57(4): 533-546.

Bahmani-Oskooee M, Brooks T J. Bilateral j-curve between U.S. and her trading partners [J].Weltwirtschaftliches Archiv, 1999 (135): 156-165.

Bahmani-Oskooee M, Kantipong T. Bilateral j-curve between Thailand and hertrading partners [J]. Journal of Economic Development, 2001, 26(2): 107-117.

Bahmani-Oskooee M, Ratha A. Dynamics of the U.S.trade with developing countries [J]. Journal of Developing Aieas, 2004, 37(2):1-11.

Bahmani-Oskooee M, Ratha A. The j-curve dynamies of U.S. bilateral trade [J]. Journal of Economics and Finance, 2004, 28(1):32-38.

Baldwin. Hysteresis in import prices: the beach head effect [J]. American Economic Review, 1988, 78(4): 773-785.

Bacchetta P,Van W E.Does exchange rate stability increase trade and welfare? [J] American Economic Review, 2000, 90(5):497-553.

Betts C, Devereux B.Exchange rate dynamics in a model of pricing to market [J]. Journal of International Economics, 2000(50):215-244.

Bergin P R, Feenstra P C. Pass-through of exchange rates and competition between floaters and Fixers[J].Journal of International Economics, Forthcoming, 2008:192-257.

Bhagwati, Jagdish N.The pass-through puzzle: the missing prince from hamlet mimeo [J] . Columbia University, 1988(12):54-116.

Branson W H,Richard C M .Price and out-put adjustment in Japanese manufacturing [R].NBER Working Paper No.2878, 1989(3):98-125.

Balassa B. The purchasing-power parity doctrine. a reappraisal [M].The University of Chicago Press, 1964.

Campa G S. Exchange rate pass-through into import prices: a macro or micro phenomenon[R]. NBER Working Paper, 2002, No. 8934:223-257.

Carse S,Wood G.Currency of invoicing and forward covering :trade and payment adjustment under flexible exchange rates[M].Martin Jand Smith A Macmillian, 1979.

Cavusgil S T. Unraveling the mystique of export pricing [J]. Business Horizons, 1988(5-6): 54-63.

Cavusgil S T. Pricing for global markets [J]. Columbia Journal of World Business, 1996, 31(4): 66-78.

Cletus C C, Patrieia S P. Exchange rate pass-through in U.S. manufacturing: exchange rate index choice and asylnmetry issues[R]. Working Paper, 2000, 022A: 58-102.

Corsetti G,Pesenti P. Welfare and macroeconomic interdependence[J]. Quarterly Journal of Economics, 2001,(5):102-242.

Coughlin. P. Pass-through estimates and the choice of an exchange rate index [J]. Review of International Economics, 2006 (9): 31-43.

Cowling K, Sughen R. Exchange rate adjustment and oligopoly pricing behavior [J]. Cambridge Journal of Economics, 1989(13): 373-393.

Cassel. Money and foreign exchange after 1914[M]. Ager Co. Press,1972.

Devereux M B,Engel C,Storgaard E. Endogenous exchange rate pass-through when nominal prices are set in advance[R]. NBER Working Paper,No.9543, 2003:292-326.

Dixit A. Hysteresis, import penetration, and exchange rate pass-through [J]. Quarterly Journal of Economics, 1989, 104(2): 205-228.

Dixit A S. Monopolistic competition and optimum product diversity[J]. The American Economic Review, 1977,6(3):172-225.

Dombusch R. Exchange rates and prices [J]. American Economic Review, 1987, 1(77): 93-106.

Dohner R S. Export pricing, flexible ecchange rates,and divergences in the prices of traded good[J].Journal of International Economics, 1984(16):85-114.

Eleanor D. Exchange rate pass-through in a small open economy: the Anglo-Irish case [J]. Aplied Economics, 2004(36):443-445.

Engle R F, Granger E W J. Cointegation and error correction: representation and testing [J]. Econometrica, 1987, 55(3):251-276.

Engel C. Real exchange rate and relative prices.an empirical investigation[J]. Journal of Monetary Economics, 1993,32:35-50.

Feenstra R C, Jon D K.Pass-through of exchange rates and purchasing power parity [J]. Journal of International Economics, 1997, 43(1-2):237-261.

Feenstra R C,Gagnon J E, Knetter M M. Market share and exchange rate pass-through in world automobile trade [J]. Jounal of International Economics, 1996(40): 187-207.

Fisher E.Exchange rate pass-through and the relative concentration of German and Japanese manufacturing industries [J]. Economics Letters, 1989,31:202-216.

Froot K A, Klemperer P D . Exchange rate pass-through when market share matters [J]. American Economic Review, 1989, 79(4):637-654.

Fumiko T, Katsumi M.Exchange rate pass-through and strategic pricing: evidence from Japanese imports of DRAMs [J]. Economics Bulletin, 2003, 6(8): 1-13.

Gagnon J E, Jane I.Monetary policy and exchange rate pass-through [R] . Board of Govemors of the Federal Reserve System, International Finance Discussion Paper, 2001.

Gagnon J E. ,Michael M K.Markup adjustment and exchange rate fluetuations: evidence from panel data on automobile exports [J].Journal of International Money and Finance, 1995, 14(2): 289-310.

Ghosh A R, Holger C W.Pricing in international markets: lessons from the economist[R]. NBER Working Paper No.4806,1994.

Giovanni P O.Exchange rates and the prices of manufacturing products imported into the United States [J]. New England Economic Review. First Quarter, 2002: 3-18.

Giancarlo C, Paolo P.International dimensions of optimal monetary policy [R]. NBER Working Paper No.8230, 2001,(4):87-152.

Goldberg P K, Knetter M M. Good prices and exchange rates: what have we learned [R]. Working Paper 5862 NBER Working Paper Series,D,1996(12):197-235.

Hitotsubashi. Exchange rate pass-through in export prices: an international comparison [J]. Journal of Economics, 1989, 30(6): 31-48.

Hooper P, Kohlhagen S W.The effete of exchange rate uncertainty on the prices and volume of international trade [J]. Journal of International Economics, 1978(8): 463-511.

Hooper P, Mann C. Exchange rate pass-through in the 1980s:the case of U.S.imports of manufactures[J].Brooking Papers on Economic Activity,1989,1:357-402.

Holmes P M.Industrial pricing behavior and devaluation[M].London: Macmillan,1978.

Jacqueline D, Christopher K, Andrew P. Exchange rate pass-through: the different response of importers and exports[R].Research Discussion Paper 9304, l993(5):102-153.

Jayant M. Exchange rate pass-through for Australian imports of motor vehicles a cointegration approach [C] . Paper Presented to the 20th Conference of Economists, University of Tasmania, 1991.

Jayant M. Exchange rate pass-through [J]. Journal of Economic Surveys, 1995, 9(2): 197-235.

Jayant M. The degree and determinants of exchange rate pass-through: market structure, non-tariff barriers and multinational corporations [J]. Economic Journal, 1996, 106(435): 434-444.

Jeffrey M W. Introductory econometries: a modem approach [M] .Second Edition, TSinghua University Press, 2004.

John B T. Low inflation, pass-through, and the pricing power of firms [R] . At Aseminar the European Central Bank, 1999(12):231-287.

Jonathan M C. Pass-through of exchange rates and import prices to domestic inflation in some industrialized economics [R] . Research Department Federal Reserve Bank of NewYork, S, 2000,(9):325-395.

Josephe G,Miehaelm K. Markup adjustment and exchange rate fluctuations: evidence from panel data on automobile exports [J] . Journal of International Money and Finance, 1995, 14(20): 289-310.

Jose M C. Unda S G. Exchange rate pass-through into import prices: macro or micro phenomenon?[R]. Research Paper No. 475, 2002,(10):192-216.

Joseph P B, Julia D,Ronald M.U.S.trade and exchange rate volatility: a real sectoral bilateral analysis[J].Journal of Macroeconomics, 2006(10):178-223.

Khan M S, Choudhri E U. Real exchange rates in developing countries: are Balassa-Salnuelson effects present? International monetary fund [R]. IMF Working Papers, 2004(188):221-275.

Khim-sen L, Kian-ping L,Huzaimia H. Exchange rate and trade balance relationship: the experience of Asian countries [J]. International Trade, 2003(7): 115-126.

Khosla A, Juro T. Exchange rate pass-through in export prices: an international comparison [J]. Hiotsubashi Journal of Economics, 1989, 30(6): 31-48.

Kim Yoonbai.Exchange rates and import prices in the United States: a varying parameter estimation of exchangerate pass-through [J]. Journal of Business & Economic Statistic, 1990, 8(3): 305-315.

Kotabe D F D. The perceived veraeity of PIMS strategy principles in Japan: an empirical inquiry [J]. Journal of Marketing, 1991, 55(1): 26-41.

Kreinin M S, Sheehe E J. Differential responses of US import prices and quantities to exchange rate adjustments [J]. Weltwirtschaftliches- Archiv, 1987,123(3): 449-462.

Krugman P. Pricing to market when the exchange rate changes [M] . Cambridge, MA: The MIT Press, 1987.

Krugman P. Exchange rate in stability [M].Cambridge, Mass: The MIT Press, 1989.

Knetter M.Price discrimination by U.S.and German exporters[J].The American Economic Review, 1989,1(79):45-95.

Knetter M. Is export price adjustment asymmetric? Evaluating the market share and marketing bottlenecks hypotheses[J].Journal of International Money and Finance,1994,1(13):55-70.

Lloys A M. Tariffs, international demand, and domestic prices [J].The Journal of Political Economy, Aug, 1949, 57(4): 345-351.

Lloys A M. Theory of international trade: a survey of contemporary economics [M] . H. S. Ellis. Philadelphia Toronto, 1948.

Malin A.Implications of exchange rate objectives under incomplete exchange rate pass-through[R].Sveriges Riksbank Working Paper Series, 2002(6):98-152.

Marwah K, Klein L R. Estimation of j-curve: the United States and Canada [J]. Canadian Journal of Economics, 1996(29): 523-539.

Marston R C. Pricing to market in Japanese manufacturing [J].Journal of International Economics, 1990(29): 217-236.

Magee. Monetary and fiscal policy under fixed exchange rate [R]. IMF Staff Paper, 1973.

Menon J.Exchange rate pass through: market structure,non-tariff barriers and multinational corporations[J].The Journal of The Royal Economic Society,1996,106(435): 54-98.

Mccarthy J.Pass-through of exchange rate and import prices to domestic inflation in some industrialized economics[J].BIS Working Paper,1999,11(79):102-137.

Mishkin F, Savastano M. Monetary policy strategies for Latin America [R].National Bureau Working Paper, 2001,3(7617):112-145.

Michael B D, James Y. Price adjustment and exchange rate pass-through [J].Journal of International Money and Finance, 2010,29(1):97-125.

Obstfeld M, Rogoff K. Exchange rate dynamics redux[J]. Journal of Political Economy, 1995(103):58-104.

Obstfeld M.Exchange rates and adjustment:perspectives from the new open economy macroeconomics[R].CIDER Working Paper, 2002,7(124):98-125.

Obstfeld M, Rogoff K. The six major puzzles in international macroeconomics: is there a common cause? [R] NBER Macroeconomics Annual, 2000.

Sushanta M, Helena M. Pricing to market with trade liberalization[J].Journal of International Money and Finance, 2012(2):112-134.

Sven G. A fundamental symmetry in international payment patterns[J].Journal of International Economics, 1973,(4):95-102.

Sushanta M. Chinese exchange rate and price effects on G3 import prices[J]. Journal of Asian Ecinomics, 2012(807):14-28.

Taylor J.Low inflation, pass-through, and pricing power of firms[J].European Economic Review, 2000,44(7):213-227.

Taylor B J. Discretion versus policy rules in proctice [C]. Carnegie-Rochester Conference Series on Public Policy, 1993(39):195-214.

Wu C S.How monetary policy affects the relationship between exchange rates and interest rates [J]. The American Asian Review, 1993,4(6):87-99.

Yang J W.Exchange rate pass-through in U.S. manufacturing industries [J].Review of Economics and Statistics, 1997(79):99-128.